中小企業経営の要諦A

北村　隆 著

社長に伝えたい
バランスシート経営

ブックウェイ

まえがき

　中小企業の社長は、何を目標に経営をおこなうべきか、というのが本書のテーマです。私が社長の任についたとき、世の中のすべての社長が真っ先に考えることと同様に、会社を安定させたい、取引を拡大したい、新しい事業を展開したい、従業員に良い暮らしをさせたい、私を含めた役員の生活も豊かにしたい、株主にも高配当をしたいなど、様々なことを考えました。

　会社の財務や資金繰りの実態を理解することから始まって、社員の実力や性格の理解、客や納入先との関係、銀行・株主など、会社を運営する上での多くの関係者を把握することが必要でした。実情がわかれば、いよいよ行動です。会社にとってのチャンスはなにか、あるいは脅威となっているものはなにか、それらを頭に入れながら事業を推進します。チャンスを生かし脅威を回避するための組織や人材配置、教育やモラルアップのための会合、戦略的に進めたい領域への資源投入などを逐次実行していくことになります。

大きな優れた会社は、時間をかけ、いろいろな状況を分析した事業計画なるものをつくり、見直し、再構築するプロセスができあがっているのでしょうが、一般的な中小企業はそうはいきません。文章を作ることや、きれいなシナリオをつくることが最も不得手です。また、そもそも中小企業では、3ヶ月先の受注がどうなるかということすら定かではなく、立派な事業計画をつくっても絵に描いた餅で終わってしまうことが多いのです。

では、その場その場を場当たり的な判断でしのいでいくだけでよいのでしょうか？やはり、社長は常に知恵をめぐらせて、冒頭あげたような良い会社にするという究極の目的に向けた決断を積み重ねていく必要があります。

これらの思いの結晶や成果を端的に示すものは何か、ということを考えたときバランスシート（貸借対照表）に思い至りました。バランスシートこそ、社長にとっての成績表ではないか、すべての経営の努力とその成果や失敗はバランスシートに凝縮されるのではないか、と考えました。私の社長の任期中、いろいろなことを決断し実行することになるだろうけれども、それらを総合して良いバランスシートをつくりあげるということを目標とすることに決めました。

この本では、それらを実行していくうえでの考え方や経験を、できるだけ普遍性をもたせる形で記していくことにしました。私自身がかかわった会社の事業領域や従業員、売上などの規模や取引先との関係などは、日本の企業全体を考えると非常に狭い、特殊なものであるかもしれません。しかし、バランスシートを良いものに仕上げていくことを目標とすることを、バランスシート経営と呼ぶとすると、バランスシート経営はどんな規模のどんな業種の企業であっても共有できる理念であると思います。ひとつの理念としてバランスシート経営をかかげ、８年間の社長としての任期の間に実際に取り組んだ記録として、広く社長の任にあたる方々やそれを支える総務などの部門の方々の参考になれば幸いです。

また、最後の章では、経営の根幹である企業倫理に関して、コンプライアンス問題に触れています。特に中小企業にとってのコンプライアンス問題とは、大企業との取引関係における特有の問題がある一方で、上場に関わって生じるコンプライアンス問題や、一般消費者と向き合うことが少ないために消費者との関係で生じる問題が少ないことが特徴です。また、経営上のもうひとつの課題である事業承継について、良い会社であればあるほど税務負担の観点から後継者の承継が難しくなるという問題に対して、その対処法を考察しました。

バランスシートを良くするということは、一口でいえば内部留保を厚くするということにほかなりません。昨今、経済学者や政治家が、企業が金をため込むことが問題だ、設備投資や給与に使い経済を活性化することが重要課題だと言い出しています。眠っている300兆円の内部留保を経済の活力にすることこそ本来の企業の使命だ、というわけです。しかしながら、脆弱な事業基盤しかもたない、とくに中小企業にとっては、盤石の財務基盤をつくりあげ、借入金から解放されて経営の自由度を高めることが真っ先に取り組むべきことではないかと考えています。このことは、必要な設備投資を実行し、社員の処遇を改善していくことと両立することが可能です。この本は盤石なバランスシートを作り上げることを常に指向しながらも、設備投資や処遇改善を実現した記録としても読んでいただければ幸いです。

中小企業経営の要諦「A」
社長に伝えたいバランスシート経営

目次

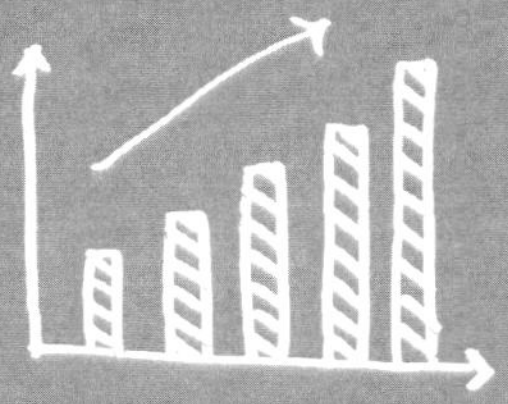

第1章
社長の果たすべき仕事とは

社長たるものの覚悟

私の社長生活は、経理を担当するマネージャーから渡された一枚の書類からはじまりました。それは、銀行からの融資に対する個人保証の契約書類でした。融資額は3億円でした。私は、大手鉄鋼会社のエンジニアリング部門でエンジニアとして30年間働いたあと、取引上の関係を持つ中小企業に転籍しました。転籍先の会社であるS社の歴史と歩みに何の貢献もないけれども、また同時に何の責任も持たないものが、代表取締役となったとたんに個人保証を求められる、という不条理と向き合うこととなりました。

多くの中小企業の社長は、銀行融資に対して個人保証をしています。社長となったいきさつは様々だと思います。自ら起業した方、親や親戚から会社を引き継いだ方、あるいは社員として働いたあと事業を任された方、私のように、もともと勤務していた会社と取引関係や若干の資本関係があることから社長を引き受けることになった方などです。しかし、どのようないきさつであったかとは関係なく会社への融資に対して、社長個人として保証しなければならないのです。個人保証は連帯保証ですから、会社と個人のどちらの責によるかは無関係に、とりやすいほうから任意に弁済を求めることができます。したがって、社長は、会社は会社、個人は個人ということが許されないのです。

いま、書店に平置きされているベストセラーのなかに、内館牧子の『終わった人』があります。メガバンクを勤め上げた主人公が、退職後の虚しさのなかでひょんなことから小さなＩＴ企業の社長となりますが、予期せぬ経営環境のなかで倒産します。その結果、すべての債務を個人として保証せざるをえなくなり、数十年勤め上げたメガバンクで蓄えた老後の資金をすべて失うという筋書きです。銀行は、現実には個人からの保証を請求することはないのでは？　という楽観論がありますが、それは現実的な考え方ではないように思います。連帯保証は、事情を斟酌せず、とりやすいところから、任意の選択で保証を要求できますから、会社の債権などを追い続けるよりは、個人の預貯金を差し押さえるほうがはるかに現実的な回収方法になります。いざとなれば銀行はなんとかしてくれるだろう、銀行にも血のながれた人や方針が存在するだろう、という楽観論は捨てて、社長たるものはすべての責任をその身に背負う覚悟でその任にあたるべきです。

社長は、銀行融資に対する保証に止まらず、会社における業務運営のすべてに責任を負います。まずは仕事量の確保の問題です。多くの中小企業は、常に3ヶ月先の受注が読めないという悩みにさらされています。次に、受注したあとは代金の回収ができない、支払いが遅延する、さらには不利な契約条件への変更や会社の利益にならない行為を取引上の優越的な関係のもとで迫られるなど常にストレスとリスクにさらされています。一方、社員に対しては、その家族を含めた生活を守る義務があり、また働きがいのある職場環境を提供しなければなりません。社員が誇りや喜びをもって働ける条件づくりの一方では、心身に問題を抱える社員のケアも経営上の大きな課題です。コンプライアンス面においては、税法や下請法、労働基準法など諸法令を遵守する責任を負い、関係省庁と直接向き合う必要があります。そして、万が一違反があった場合は、その全責任を負わねばならないのです。

責任がこのように重いからこそ、社長は全知全能をもって経営に取り組む覚悟が必要なのです。会社を良い会社にすること、それは自らの安心でもあり、社員の幸福、そして株主の利益でもあります。事業承継を容易にし、夢と希望に満ち溢れたものにすることができます。そのような会社に変える決意と実行力が、いま社長に問われています。

社長の果たすべき役割

会社が良い状態にあるかどうかは、バランスシート（貸借対照表）で判断することができます。社長の仕事が良い会社をつくりあげることだとすると、社長のなすべき仕事は、ズバリ『良いバランスシートをつくること』です。

バランスシート（貸借対照表）というのは、結果であって意図的に動かすのは難しい、とか、日々のやりくりで目いっぱいのために考える時間もない、とか、税理士さんまかせで評価したこともない、という社長さんもおられると思います。しかし、社長の究極の成績表はバランスシートなのです。社長に就任するときに受け取ったバランスシートを、いかに良いものにして後継者にバトンタッチするかが社長の存在価値といってもよいでしょう。

良いバランスシートをつくるためには、もちろん収益が必要です。社長のもうひとつの仕事は、『良いＰＬ（損益計算書）をつくるための環境づくり』です。ＰＬ（損益計算書）は会社のオペレーションそのものの結果ですから、ＰＬづくりの主役は社員のみなさんです。実務をおこなう社員が、高いモチベーションで働き、最大のパフォーマンスを発揮できるようにさまざまな工夫や仕掛けをつくるのがもうひとつの社長の仕事です。

バランスシートとは?

バランスシート（貸借対照表）を簡単に復習したいと思います。バランスシートの左半分は資産の部です。資産には、流動資産、固定資産と繰延資産があります。流動資産は一年以内に回収される資産で、現金、受取手形、売掛金や有価証券などの当座資産と商品や原材料などの棚卸資産からなります。固定資産は事業の基礎となる長期にわたって保有する資産です。土地・建物、機械装置・車両などの有形固定資産と工業所有権やソフトウェアなどの無形固定資産からなります。繰延資産は、開業費、社債発行費などいったん支出したものの効果が将来にわたってもたらされるもので、換金のできない特殊な資産です。

バランスシートの右側に移りましょう。バランスシートの右側は、負債の部と純資産の部から成り立っています。負債は、短期間に現金で返済しなければならない営業循環

バランスシート（貸借対照表）～例～

（百万円）

資産の部		負債の部	
流動資産	**100**	**流動負債**	**50**
現金・預金	50	支払手形・買掛金	30
受取手形・売掛金	20	短期借入金	10
有価証券	5	その他の流動負債	10
棚卸資産	20	**固定負債**	**100**
その他の流動資産	5	社債	20
固定資産	**100**	長期借入金	40
有形固定資産	80	その他の固定負債	40
建物・構造物	30		
機械装置	20	**純資産の部**	
車両運搬具、工具	10	**株式資産**	**50**
土地	20	資本金	10
その他の有形固定資産	10	資本剰余金	5
減価償却累計額	-10	利益剰余金	40
無形固定資産	10	自己株式	-5
投資その他の資産	10		
操延資産	**0**	**その他の純資産**	**0**
資産合計	**200**	**負債・純資産合計**	**200**

資産の運用 ← **資産の調達**

プロセスのなかにある買掛金、支払手形や一年以内に返済が必要となる短期借入金などの流動負債と、支払いが1年以上あとになり、それまでは支出することのない長期借入金や退職給付引当金などの固定負債からなります。

右側の下半分は純資産の部です。純資産は、資本金、資本剰余金や内部留保である利益剰余金からなります。純資産は返済が不要な会社の自己資金です。

バランスシートの右側は資金の調達源泉の内訳を示すものであり、左側は得られた資金の運用の状態を示しています。良いバランスシートをつくりあげるということは、健全で安定的な資金を調達し、効率的で生産的な資金運用と安全で流動的な資産の持ち方を指向することです。

企業の平均的なバランスシート

日本国内の中小企業の代表としてA社に登場してもらいたいと思います。表では示していませんが、A社の年間の売上高は313百万円、経常利益は9百万円です。バランスシートを見てみます。資産の部では流動資産が138百万円（内、現金化が可能な当座資産は91百万円）、固定資産が１１９百万円となっています。総資産は２５７百万円です。

一方、負債の部では、流動負債が90百万円（内、短期借入金は30百万円）、固定負債が78百万円（内、長期借入金が63百万円）となっています。そして、純資産が89百万円です。負債と純資産の合計は総資産と同じ２５７百万円です。

じつは、Ａ社は実在していないのですが、平成27年６月に公表された中小企業庁による中小企業基本実態調査の法人企業１５２万社の平均値なのです。**（表「Ａ社のバランスシート」）**

中小企業庁の統計によれば、製造業や小売業さらにはＩＴ企業や運輸業など産業分類ごとにデータがまとめられており、そのバランスシートには産業分類ごとに特徴的なものがありますが、概ねＡ社が中小企業を代表していることがわかります。さらに一般化するために指数化（パーセント表示）をします。**（表「Ａ社のバランスシートの指数化」）**

国内の最も一般的な中小企業であるＡ社は、資産のうち流動資産が54％、固定資産が46％で構成されています。流動資産のうち現金などの当座資産は35％（うち、現金・預

A社のバランスシート（貸借対照表）

（百万円）

資産の部		負債の部	
流動資産	**138**	**流動負債**	**90**
うち現金	(48)	うち短期借入金	(30)
うち他の当座資産	(43)		
固定資産	**119**	**固定負債**	**78**
		うち長期借入金	(63)
		純資産の部	
		純資産	**89**
資産合計	**257**	**負債・純資産合計**	**257**

A社のバランスシートの指数化

（百万円）

資産の部		負債の部	
流動資産	138	流動負債	90
うち現金	(48)	うち短期借入金	(30)
うち他の当座資産	(43)	固定負債	78
固定資産	119	うち長期借入金	(63)
		純資産の部	
		純資産	89
資産合計	257	負債・純資産合計	257

バランスシートの指数表示

%

資産の部		負債の部	
流動資産	54	流動負債	35
うち現金	(19)	うち短期借入金	(12)
うち他の当座資産	(16)	固定負債	30
固定資産	46	うち長期借入金	(25)
		純資産の部	
		純資産	35
資産合計	100	負債・純資産合計	100

金は19％）です。流動負債、固定負債、純資産の比率は、それぞれ35％、30％、35％で短期借入金の総資産に占める割合は12％、長期借入金は25％となっています。

これらのバランスシート上の指標をグラフにすると図 **「指数化されたA社のバランスシート」** のようになります。国内の中小企業はA社のような構成になっています。これだけでは、バランスシートが良いのか、悪いのか分かりません。ここでは、152万社の平均である最も普通の会社のバランスシートはこのような構成であることを頭に入れておいてください。

『財務状況のトライアングル』とバランスシートの良否

A社のバランスシートをグラフ化した図を見てください。左の資産の部における流動資産、固定資産の境界の点と、右の流動負債と固定負債の境界の点、および固定負債と純資産の点を線で結ぶと三角形ができます。これを『財務状況のトライアングル』と呼ぶことにします。

A社の『財務状況のトライアングル』を点線で囲んでいます。中小企業の代表である

指数化されたA社のバランスシート

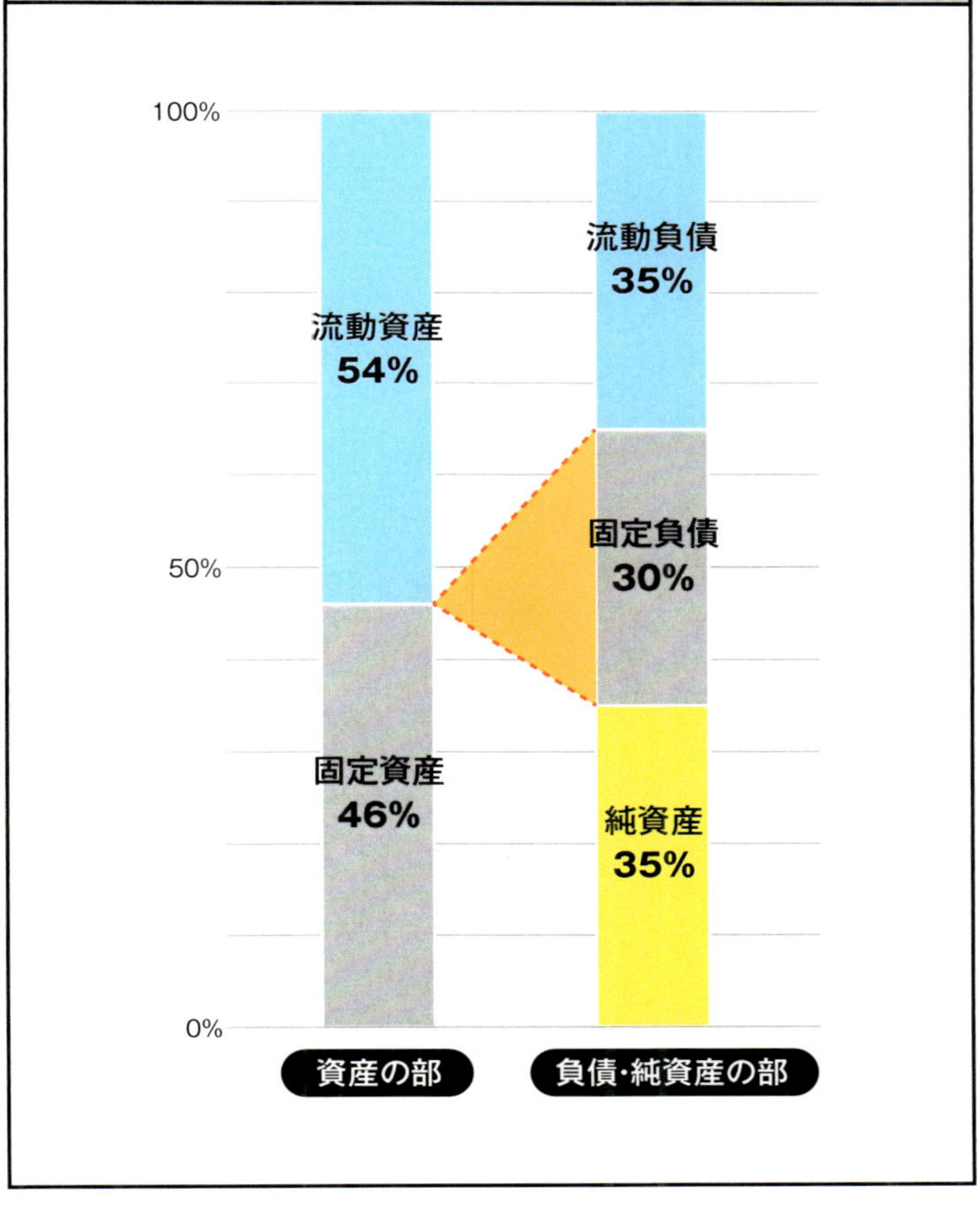

Ａ社のトライアングルの上の辺は負債・純資産の部の方向に向かって上向きに、下の辺は下向きになっています。多くの会社はこのように財務状況のトライアングルが右に向かって上下に拡がる形状をしています。このようなバランスシートを『普通のＢＳ（バランスシート）』と呼びます。多くの社長は、このような『普通のＢＳ』を引き継ぎ、そのＢＳのもとで悪戦苦闘しているというのが現状です。（**図「普通のＢＳと財務状況のトライアングル」**）

では『良いＢＳ（バランスシート）』とはどのようなバランスシートを指すのでしょうか？『良いＢＳ』とは、**図「良いＢＳと財務状況のトライアングル」**のように『財務状況のトライアングル』が右肩上がりになっているＢＳです。このようなＢＳをつくろうとすることに経営の目標を単純化するのがバランスシート経営です。バランスシート経営では、『良いＢＳ』をつくりあげることが社長の仕事です。

右肩あがりのトライアングルが『良いＢＳ』ということになりますが、右肩あがりにもさまざまな姿があり定量感が必要です。詳細な検討を加えることなく、大ざっぱに目標としたい姿を提示するとすると、**『自己資本比率50％超、流動比率（流動資産÷流動負債）200％超』**というのがひとつの目標であり、「バランスシート経営」のマイルストーンであると考えています。

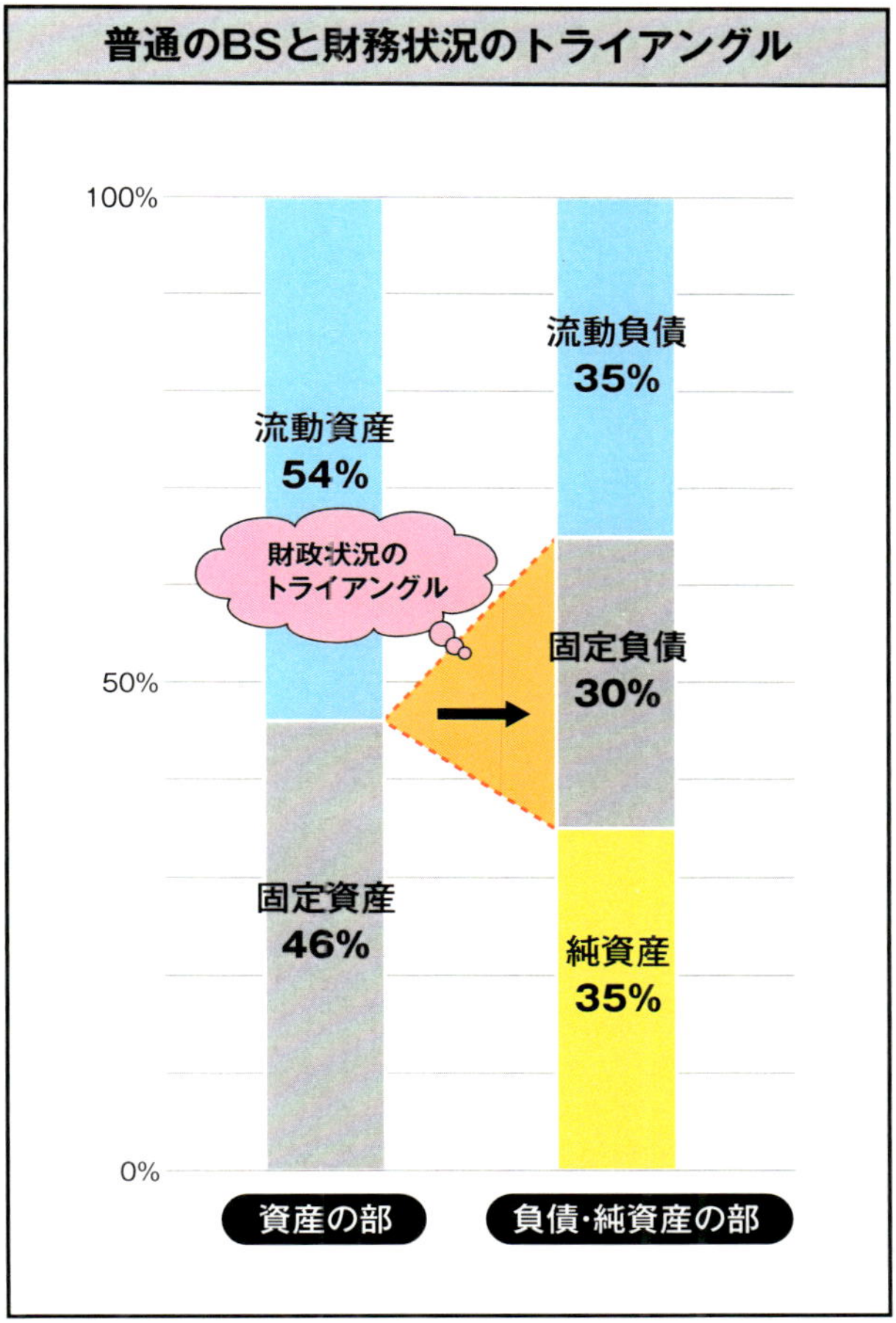

良いBSと財務状況のトライアングル

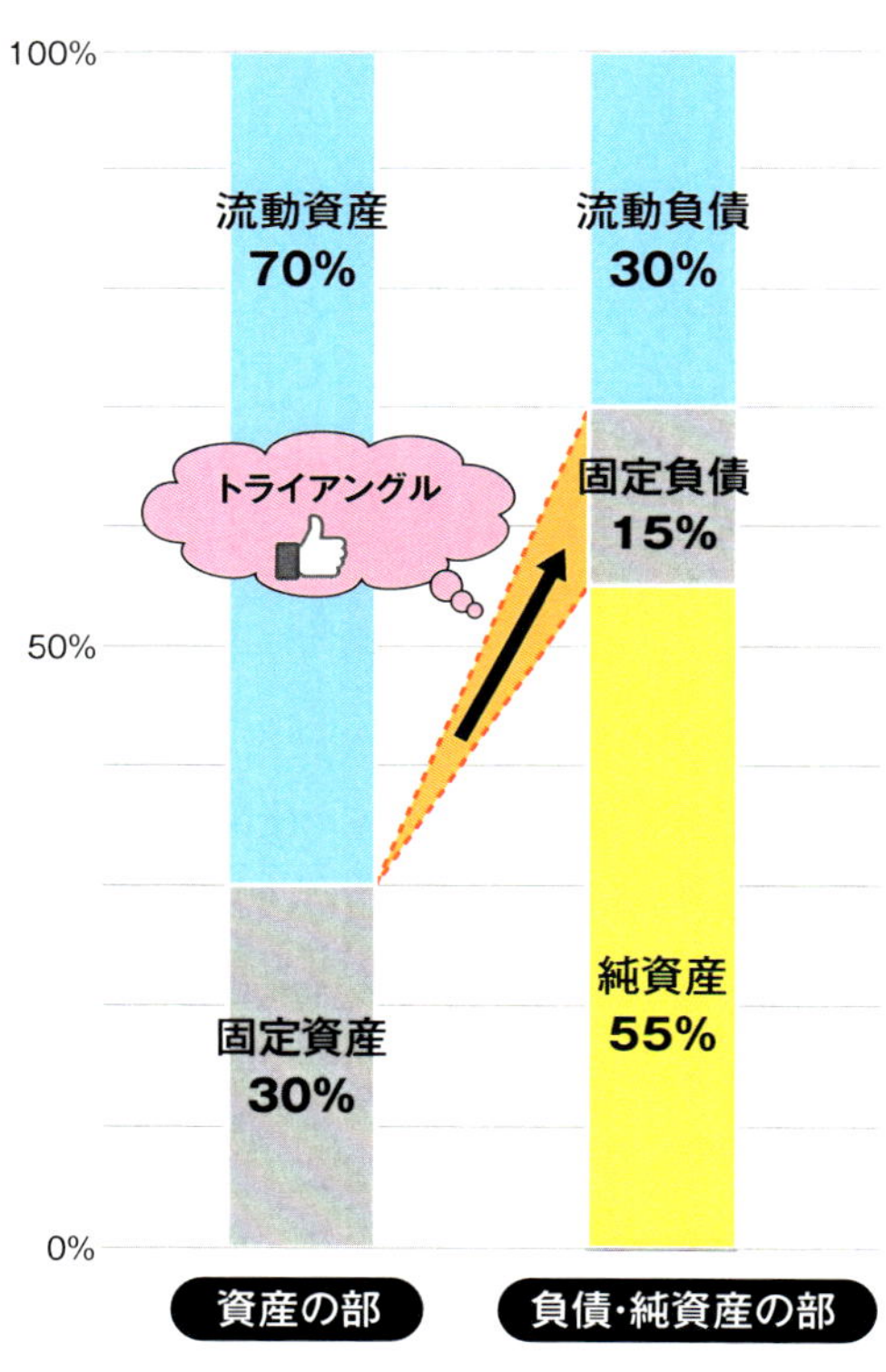

一方で、『良いＢＳ』の反対にある、『大きな問題を抱えたＢＳ（バランスシート）』とはどのようなものでしょうか？　それは『財務状況のトライアングル』が右あがりになっている『良いＢＳ』と呼ぶものに対して、反対に右下がりになっているＢＳです。**（図「大きな問題を抱えたＢＳ」）**　これは、１年以内に返済が必要な流動負債のほうが、１年以内に換金できる流動資産より大きい状態になっていることを意味します。流動負債と固定負債をあわせたものと比べると、ますますその差は広がってきます。この状態がさらに悪化すると流動負債と固定負債を加えたものが総資産を食いつぶして、純資産（資本金等）がマイナスとなる債務超過に陥ります。

『大きな問題を抱えたＢＳ』をもつ会社の社長は大変です。時間の猶予もなく財務の改善に取り組む必要があります。次章に述べる固定資産の流動化、総資産の圧縮、借入金のリスケなど財務の改善と並行して、ＢＳをそこまで追い込んだ原因である事業の再構築に全力で取り組む必要があります。

大部分の会社は、『大きな問題を抱えたＢＳ』のところまで事態が悪化しているわけではなく、『普通のＢＳ』に甘んじている状態です。したがって、『普通のＢＳ』をもつ会社を『良いＢＳ』に変貌させることが中小企業経営における最大のテーマになっています。

大きな問題を抱えたBS

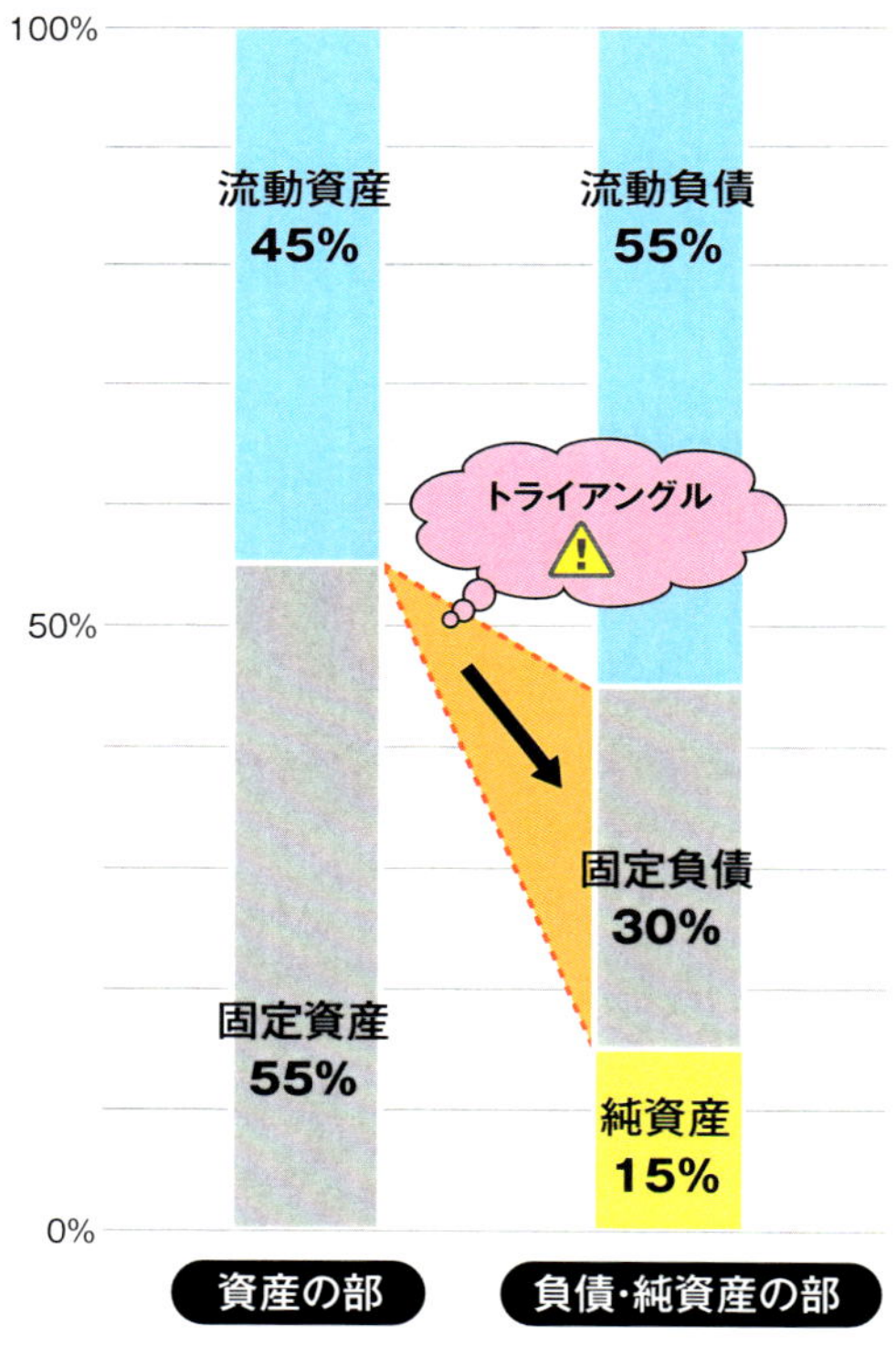

『普通のＢＳ』をもつ会社の抱える問題点は？

ここでＡ社のＢＳを詳細に見ていきましょう。**図「普通のＢＳの詳細」**では、Ａ社のバランスシートの「資産の部」に、現金・預金、売掛金、受取手形、有価証券などの、すぐに現金化が可能な当座資産を記入しています。Ａ社の当座資産は35％です。また、この図では記載していませんが35％の当座資産のうち現金は19％となっています。

一方、負債の部に、短期借入金を変動負債の項に、長期借入金を固定負債の項に記入しています。短期借入金は12％、長期借入金は25％にも上っています。これが現在の中小企業の実態です。

Ａ社（普通の会社）のバランスシートには、大きな問題点があります。会社には、その業種や歴史、規模など固有の条件が多くありますが、一般論としての問題点をあげることができます。問題点は次のようにまとめられます。

① 自己資本で固定資産をまかなえていない

事業に必要な建物や機械装置などの固定資産は、本来自己資本でまかなわれるべ

普通のBSの詳細

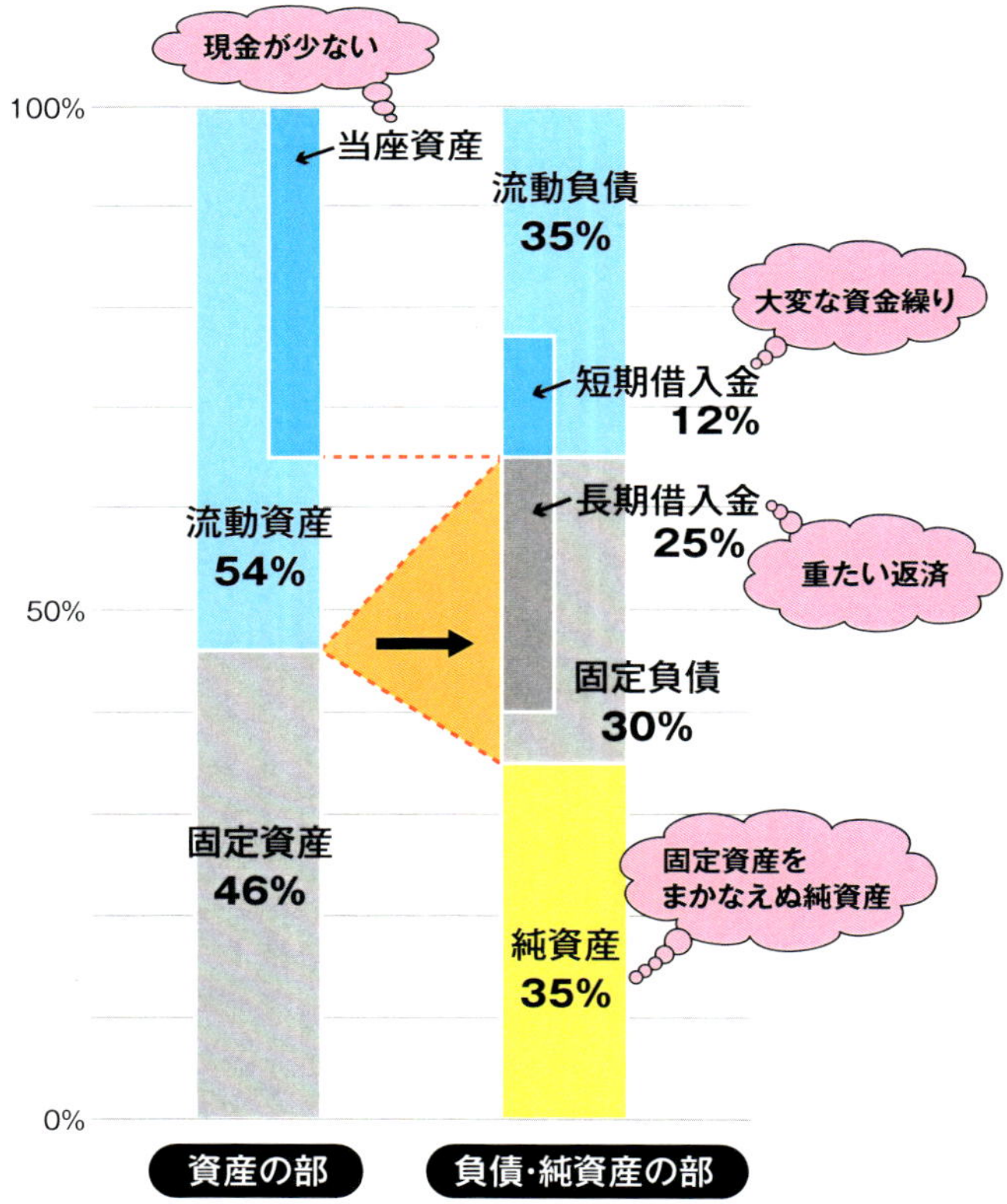
現金が少ない
100%
当座資産
流動負債
35%
大変な資金繰り
短期借入金
12%
長期借入金
25%
重たい返済
流動資産
54%
50%
固定負債
30%
固定資産
46%
固定資産を
まかなえぬ純資産
純資産
35%
0%
資産の部
負債・純資産の部

きです。固定資産を自己資本（純資産）で割った値を固定比率と呼びます。固定比率は**原則**100％以下でなければなりません。『財務状況のトライアングル』の下の辺が右肩下がりになっているのは固定比率が100％以上になっているためです。

② 長期借入金が多すぎる

長期借入金は長期にわたる安定的な資金であり、固定負債として位置付けられます。事業活動に必要な固定資産は、長期的に安定な資金でまかなわれている必要があります。すなわち、自己資本と固定負債でまかなわれている必要があり、このような企業の安定度を測る指標として長期固定適合率というものがあります。長期固定適合率は、固定資産÷（固定負債＋自己資本）で定義されます。長期固定適合率は必ず100％以下でなければなりません。A社の場合、長期固定適合率は71％で、この条件をクリアしていますが、長期借入金の割合が大きすぎるのです。長期借入金の比率は総資産の25％となっています。長期借入金を除いた固定負債と自己資本に対する固定資産の比率、固定資産÷〔固定負債（長期借入金を除く）＋自己資本〕を見てみると115％となり、100％以下の条件は満たされていません。

③当座比率が低すぎる

一概に、流動資産といっても商品はすぐ売れる約束はなく、仕掛品は完成して初めて価値をもつものですからすぐに現金化できません。すぐに現金化できるものは、現金・預金、受取手形、売掛金、有価証券などの当座資産に限られます。１年以内に返済が必要となる流動負債に対する当座資産の比率（当座資産÷流動負債）を当座比率と言います。当座比率は１００％以上なければならず、１５０％以上が望ましいとされています。Ａ社の場合、１００％ぎりぎりです。（図中に点線で示しています）さらに資金の調達の観点からは、流動負債の１／３が短期借入金であり、過大な借入金が経営を不安定にしてます。社長にとって、資金繰りが大きな仕事になっています。

普通のBSをもつ会社の抱える共通の問題点

① **固定比率　131%**

⇒　固定資産を自己資本でまかなえていない

② **長期借入金が多すぎる**

⇒　安定資金として借入金への依存が高い。

③ **当座比率が低すぎる**

⇒　流動負債に見合う当座資産が少ない。
短期借入金が多く資金繰りに追われている。

『良いBS』と『大きな問題を抱えたBS』をもつ会社の財務状況

一方で、『良いBS』の一例を示します（**図「良いBSの詳細」**）。『良いBS』をもつ会社では、自己資本比率（純資産÷総資産）が50％をこえています。剰余金を十分もっていることを意味します。固定資産は純資産で十分まかなわれており、固定比率は余裕をもって100％を下回っています。長期借入金も借入が不必要なレベルになっています。当座の資金繰りのために必要となっていた短期借入金はありません。現金化が可能な当座資産を十分もち、この会社の例では当座比率は170％近くになっています。このときに、注意しなければならないのは流動資産の中身です。売れない商品の在庫、商品化できない仕掛品、当座資産のなかでは売掛金が正常な営業循環過程にあるもののみであることが必要です。このようなバランスシートをつくることができれば社長は安心です。

一方、『大きな問題を抱えたBS』の場合は、債務超過に陥っていないまでも、自己資本（純資産）に安定的な資産である固定資産を加えても、固定資産をまかなえない状

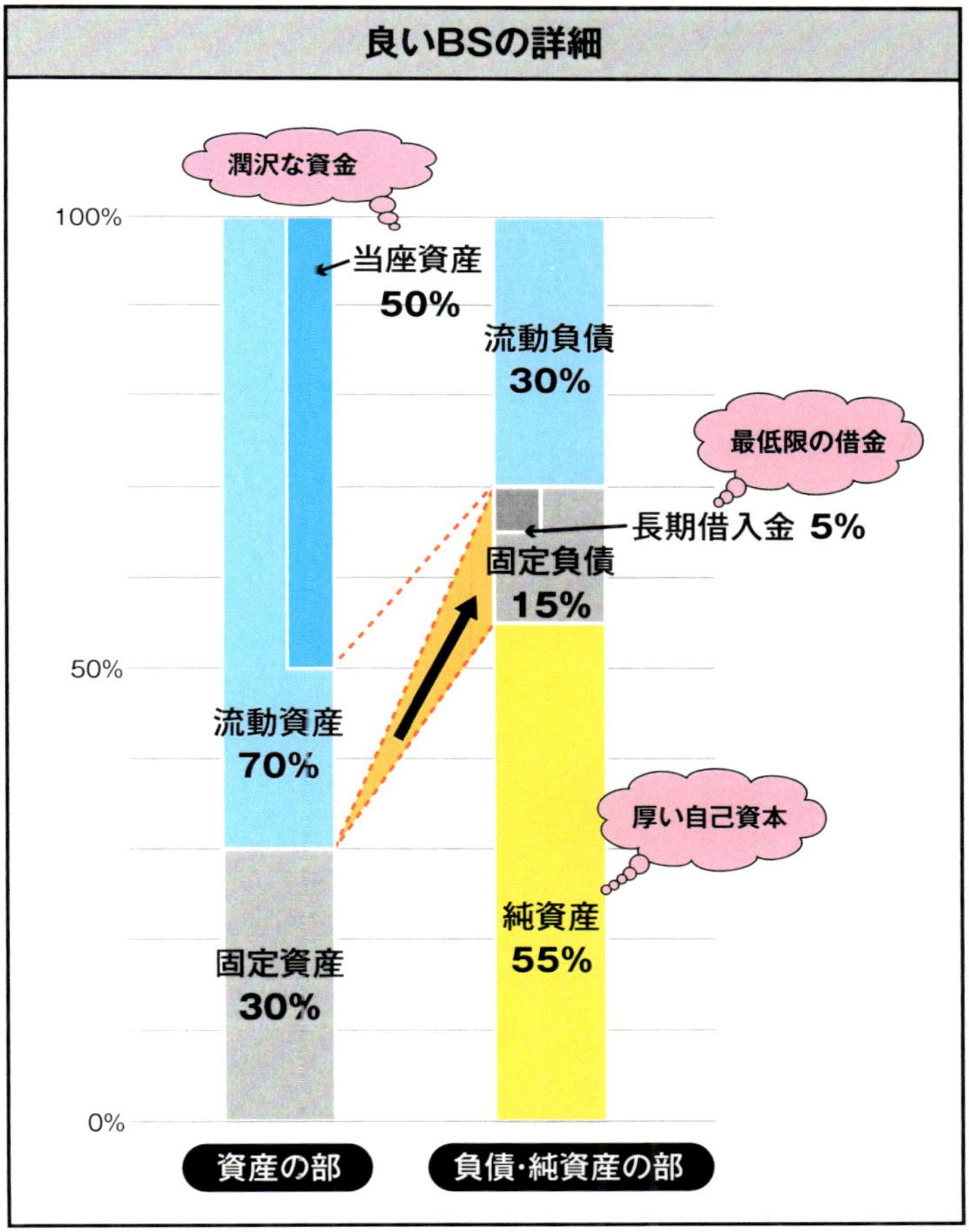
良いBSの詳細
潤沢な資金
100%
当座資産
50%
流動負債
30%
最低限の借金
長期借入金 5%
固定負債
15%
50%
流動資産
70%
厚い自己資本
純資産
55%
固定資産
30%
0%
資産の部
負債・純資産の部

態を意味しています。一般的には、このような会社は多額の短期借入金で資金を回している状態になります。このような状態にある会社は現実には非常に少ないと思われますが、存続の岐路に立たされている状態です。社長はあらゆる手段で現在の難局を乗り越える覚悟が必要となります。

社長はなぜ良いバランスシートを求めるべきなのか？

では経営者にとって良いバランスシートをつくることのメリットは何なのでしょうか？

良いバランスシートを作り上げることができれば、たくさんの利点があります。

第一に、資金繰りに悩まされないということです。

借入金が多く、資金繰りに余裕がないと、代金回収の遅れ、トラブルによる予定外の費用の発生、給与・賞与や税金などの多額の支払い、大口の手形決済などのたびに綿密な資金計画が必要になります。資金に十分な余裕があれば安心して会社運営をすることができます。

第二に、会社の信用が上がります。

まず、取引先との関係です。ものを購入しようとする場合、調達先にとって与信管理は重要な要素です。支払いのリスクがない会社とは安心して取引ができます。逆に、仕事をとろうとする場合でも、発注者は、倒産などのリスクがなく、ＱＣＤのすべてについて契約を履行する実力を備えた会社への発注を考えます。

さらに、公的機関からのさまざまな助成を申請する場合や、大きな投資が必要になり銀行融資を求める場合においても会社の信用は重要な要素となります。

第三に、勇気ある経営判断ができます。

常に社長は、経営に影響のある投資判断、大きな仕事の受発注などでリスクがないかどうかで頭を悩ませています。本来すべき決断もリスクとの兼ね合いでできないことも多くあります。会社を潰すわけにはいかないからです。財務的な余裕は、リスクへの耐性を高めるため正しい経営判断を後押ししてくれます。

第四に、事業承継やリクルートが容易になります。

中小企業にとって、事業承継は大きな課題となっています。その一因として、その会社の経営が安定せず、その会社の継承を考えるうえで魅力的なものとなっていないことがあげられます。社長はいずれ後継者を見つける必要があるわけですから、良いバランスシートを持つ会社であれば自信をもってバトンタッチをすることができます。また、リクルート面においても、会社の安定はひとつの武器になります。

第五に、収益力がアップします。

バランスシートの好転にともなって、借入金が減少もしくはなくなり、一方で預金や有価証券が増えることになります。利子の支払いが減るとともに、金利や配当などの収入がふえることとなり、営業外の収支が改善します。不要な固定資産や在庫の一掃をおこなえば管理費や税金の支払いが少なくなります。また、いままでに述べてきた、信用や適切なプロジェクト対応方針など経営判断に後押しされて収益は改善されます。

このように、『良いＢＳ』には多くの利点があります。社長の果たすべき究極の仕事はこの『良いＢＳ』を築き上げることだということができます。

良いBSをもつことのメリット

① 資金繰りの悩みなし

② 会社の信用向上

③ 経営判断の自由度

④ 事業承継・リクルートが容易

⑤ 収益力アップ

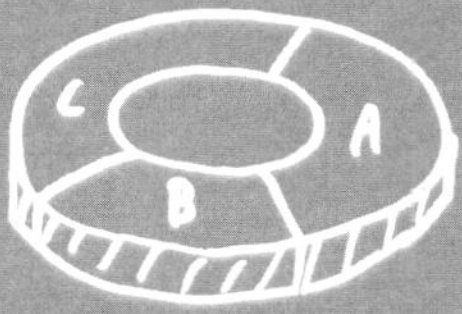

第2章 バランスシートを見直そう

良いバランスシートをつくりあげることが社長の仕事でした。良いバランスシートをつくるためには、良いPLを何年にもかけて積み重ね自己資本（純資産）を厚くしていくことが必要です。これは高い利益を確実に生み出す企業をつくるということで、このことについては、次章のテーマとしたいと思います。ここでは、多少一般論になりますが、現在のバランスシートを少しでも良いものにするためのアプローチについて述べます。また、ここでは現在存在するバランスシートの見直し、という観点で述べていますが、ここで述べる事項は、財務ストラクチャーを構築していくうえで、常に念頭に置きながら経営をおこなっていくべきことであることを理解していただきたいと思います。

バランスシート改善のための2つのアプローチ

普通のBSを改善していくためには、2つのアプローチがあります。ひとつは、**図「固定資産の流動化」**のように、固定資産を流動化して流動資産としていく方法です。純資産が変わらない状態で固定資産が流動資産に置き換えられると固定比率を示す『財務状況のトライアングル』の下の線が変化します。

そして、もうひとつのアプローチは総資産を圧縮することです。その過程で、流動資産と固定資産を均等な割合で減らすことができれば**図「総資産の圧縮」**のように『財務状況のトライアングル』を上向けに変えることができます。

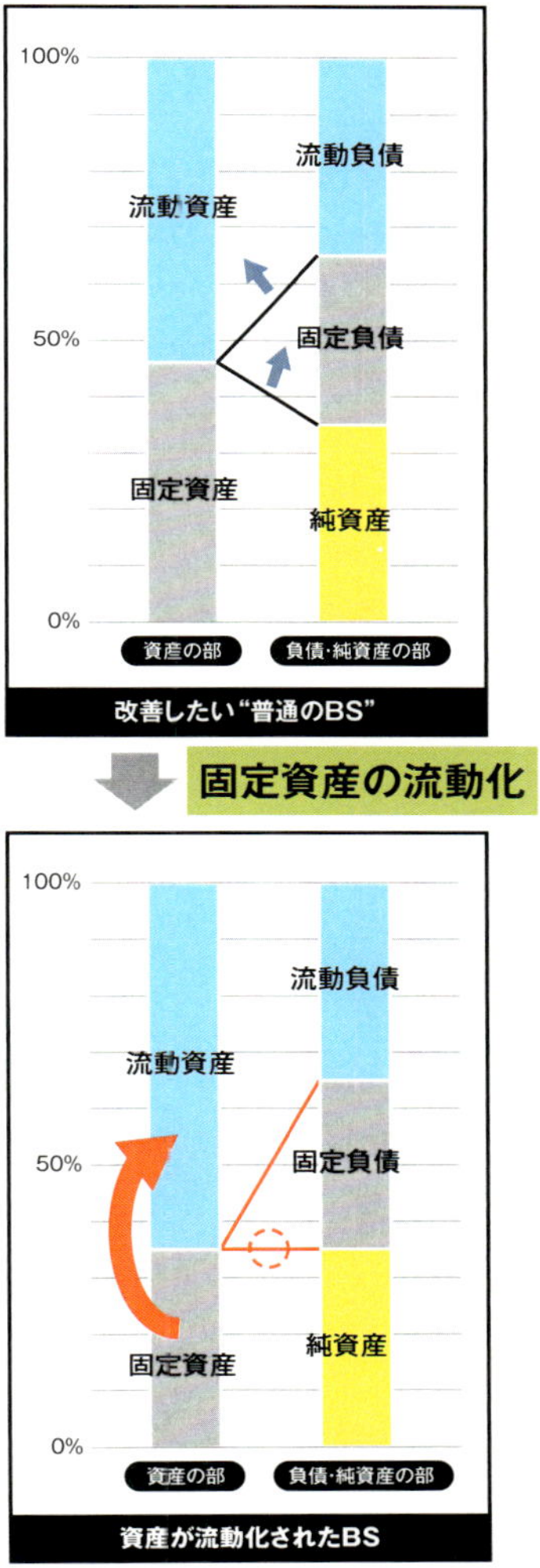

固定資産の流動化と総資産の圧縮のための見直し

くどいようですが、良いBSをつくるための本質的な道筋は、良いPL（損益計算書）を生み出す企業を構築し、税金を支払ったうえで純資産を積み上げることです。したがって、この章で述べることは、インパクトも小さく、一過性となるものもありますが、常にこれらの視点から資産の状況を見つめ続けることが必要です。

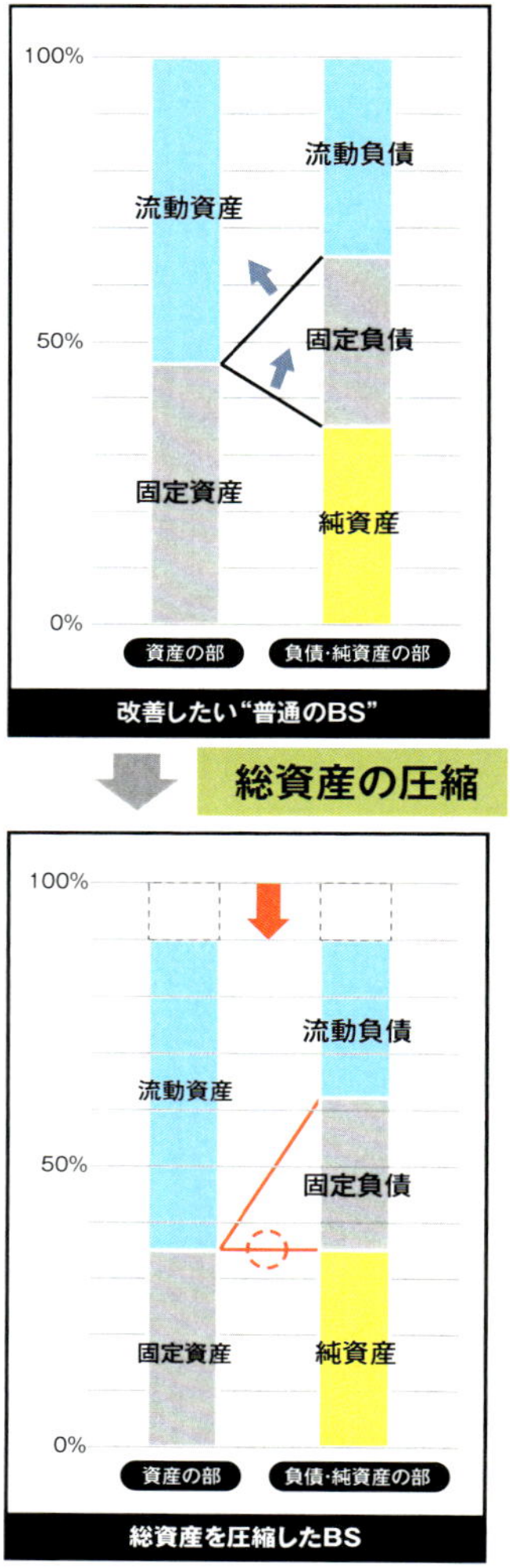

①　不要な固定資産の売却と固定資産取得時の精査

多くの会社が、移転や事業の変換など様々な理由で遊休の土地や建物を保有しています。将来のためや、万が一の場合の資産として保有を継続しています。しかし、これらは本当に現金が必要になったときには現金化することは困難です。売却には時間もかかり、思った値段で売ることなどできません。だから、不動産と呼ぶのです。今すぐ絶対に使うことが確定しているものを除き、不動産は売却するのが経営改善の近道です。

また、短期借入金を抱えている状態で、レクサスやベンツは不要です。これは、会社と個人の利益が仕分けられていないからです。すでに保有しているものの処分は困難かも知れませんが、そういうものを購入するときに明確に仕分けすべきです。福利に名を借りた保養所や別荘なども同様に考えるべきです。

②　投資有価証券・長期貸付金の見直し

中小企業の場合、子会社をもつことは少ないのですが、何らかの理由で取引先の株式を保有する場合があります。これらは、本当に必要なものなのかを判断したうえで売却を検討する必要があります。長期貸付金は、経営上妥当なものであるかを厳格に判断したうえで、妥当性を欠くものであれば返却を求める（返却する）べきでしょう。

③ 不良在庫、不要な棚卸資産の処分

売れる見込みのない商品や、使う可能性の少ない原材料を多く抱えている場合があります。そのような資産については、未練をもたずに処分しましょう。一次的には、特別損失となり、当期利益の低下になりますが健全なバランスシートをつくることができます。さらに、保管スペースや維持管理のコストが低減することで今後の経費の低減につながります。

売れる見込みのない在庫や製品化の見込みのない棚卸資産、さらには回収の見込みのない売掛金などは粉飾の温床ともなりますので、中小企業においても厳格な規律のなかで適切な経理処理をしていくことが必要です。

④ 売上債権回転率の向上と支払い条件の改善

売上債権回転率とは、売上高を売掛金と受取手形の合計（売上債権）で割った値です。売掛金と受取手形の現金化を早めれば回転率が高くなります。高ければ高いほどよいとされる経営指標です。売上債権は、売上高が多くなると増大してい

きます。しかし、同じ売上高であれば、売上債権回転率が高くなると売上債権が減少し、必要となる運転資金が少なくなります。これらは、取引条件で決まるものですから、一方的には決められません。しかし、契約時に当方の希望を示し、しっかりとした支払い条件を取り決めることが必要です。

⑤　資金繰り表

借入金を減らすことができないかを検討するために、正確な資金繰り表の作成は不可欠です。図の資金繰り表（例）は、当座預金の残高を経常収支と経常外収支に分けて予測する場合の例です。現金は、営業収支の時期ずれ、賞与や税金などのピーク的に発生する支払いなどに対応するため、月商の２ヶ月、ないし余裕をもって３ヶ月が望ましいといわれていますが、詳細にトレースし返済が可能な借入金は常に減らすことを考慮すべきです。

$$\text{売上債権回転率} = \frac{\text{売上高}}{\text{売掛金}+\text{受取手形}}$$

201X年9月25日

資金繰表（例）

（201X年9月～201X年12月）

［当座預金］ ［単位：千円］

項目＼月別	9月度 予定	9月度 見込	10月度 予測	11月度 予測	12月度 予測
前月繰越残高（A）					
経常収支					
経常収入					
現金売上					
売掛金回収					
手形期日入金					
雑収入					
経常支出					
買掛金支払					
手形期日決済					
給与賞与関係					
社会保険料					
諸経費					
支払利息					
税金					
経常収支計（B）					
経常外収支					
経常外収入					
預金取崩し					
借入金調達					
固定資産売却					
経常外支出					
定期預金預入					
借入金返済					
固定資産購入					
経常外収支計（C）					
収支過不足（D＝B＋C）					
次月繰越残高（A＋D）					

［定期預金］ ［単位：千円］

銀行＼月別	9月度	10月度	11月度	12月度
A銀行				
B銀行				
C証券				
合　計				

［借入金］ ［単位：千円］

銀行＼月別	9月度	10月度	11月度	12月度
A銀行				
B銀行				
合　計				

隠れ負債のあぶりだし

つぎに、バランスシートの見直しに際して、隠れた負債がないかをチェックする必要があります。これは、一次的には良い形のバランスシートを作り上げていくことと逆行しますが、真実の姿を現すために必要なリセットです。

どのようなものが考えられるかですが、そのひとつが退職金の引き当てです。退職金は労働債務ですので財務的な裏付けをもたせておく必要があります。退職金の負担が大きいことなどの理由で確定拠出年金に移行した場合など、それまでの退職金給付は確定的に過去勤務債務として残りますので引当計上します。同種のものでは、役員退任慰労金もありますが、これは労働債務ではないので任意です。しかし、確定的であれば負債として計上し、毎年積み上げるなどして、将来ある時点でＰＬを大きく損なうことを避けるほうが良いでしょう。退職金、慰労金などの引き当ては、引き当て時には損金不算入です。支払い時に損金算入されますので、支払い時のＰＬでは、費用とならないだけではなく税金も少なくなります。

リースも隠れ負債と考えられます。長期契約となっており、解約時には残存期間に応じた解約金が規定されているような場合は適切な表記が必要と思われます。

第3章 安定的に高収益を生み出す企業のつくり方

良いバランスシートをつくり上げるためには、毎年収益、できれば高収益を積み重ねて自己資本を厚くしていかねばなりません。ここで我が国の代表的な中小企業であるA社にふたたび登場してもらいましょう。**（表「A社のバランスシートの指数化」、図「A社の指数化されたBS、PLグラフ」）**A社の売上高は313百万円、経常利益は9百万円、税引き後の利益は5百万円です。総資産を100として指数化を図ると、売上高は122％、税引き後の利益は2％となります。配当後の利益が剰余金として積み上がりますから、配当を50％すると自己資本の増加は1％となります。自己資本比率を50％とするには着実に利益を重ねても15年かかることになります。高い利益をあげることができれば、その財源は良いバランスシートづくりの原資であることはもちろんですが、社員の処遇、役員の報酬、株主への配当など活性化のための様々な目的に使うことができます。永続的に安定的な高収益をあげるが社長の大きな仕事です。

損益計算書（PL）づくりの主役は社員ですが、その舞台を整えたり、モチベーションを高めて最大のパフォーマンスを引き出すのは社長の仕事です。この章では、最も大切な高収益を生み出す、活気にあふれる企業の作り方について考えます。

Ａ社のバランスシートの指数化

BS（貸借対照表）

（百万円）

資産の部		負債の部	
流動資産	138	流動負債	90
うち現金	(48)	うち短期借入金	(30)
うち他の当座資産	(43)	固定負債	78
固定資産	119	うち長期借入金	(63)
		純資産の部	
資産合計	257	負債・純資産合計	257

PL（損益計算書）

（百万円）

売上高	313
売上原価	239
売上総利益	74
販売・管理費	66
営業利益	7
経常利益	9
税引前当期利益	8
当期純利益	5

バランスシートの指数表示

（%）

資産の部		負債の部	
流動資産	54	流動負債	35
うち現金	(19)	うち短期借入金	(12)
うち他の当座資産	(16)	固定負債	30
固定資産	46	うち長期借入金	(25)
		純資産の部	
資産合計	100	負債・純資産合計	100

PL(損益計算書)の指数表示

（%）

売上高	122
売上原価	93
売上総利益	29
販売・管理費	26
営業利益	3
経常利益	4
税引前当期利益	3
当期純利益	2

A社の指数化されたBS、PLグラフ

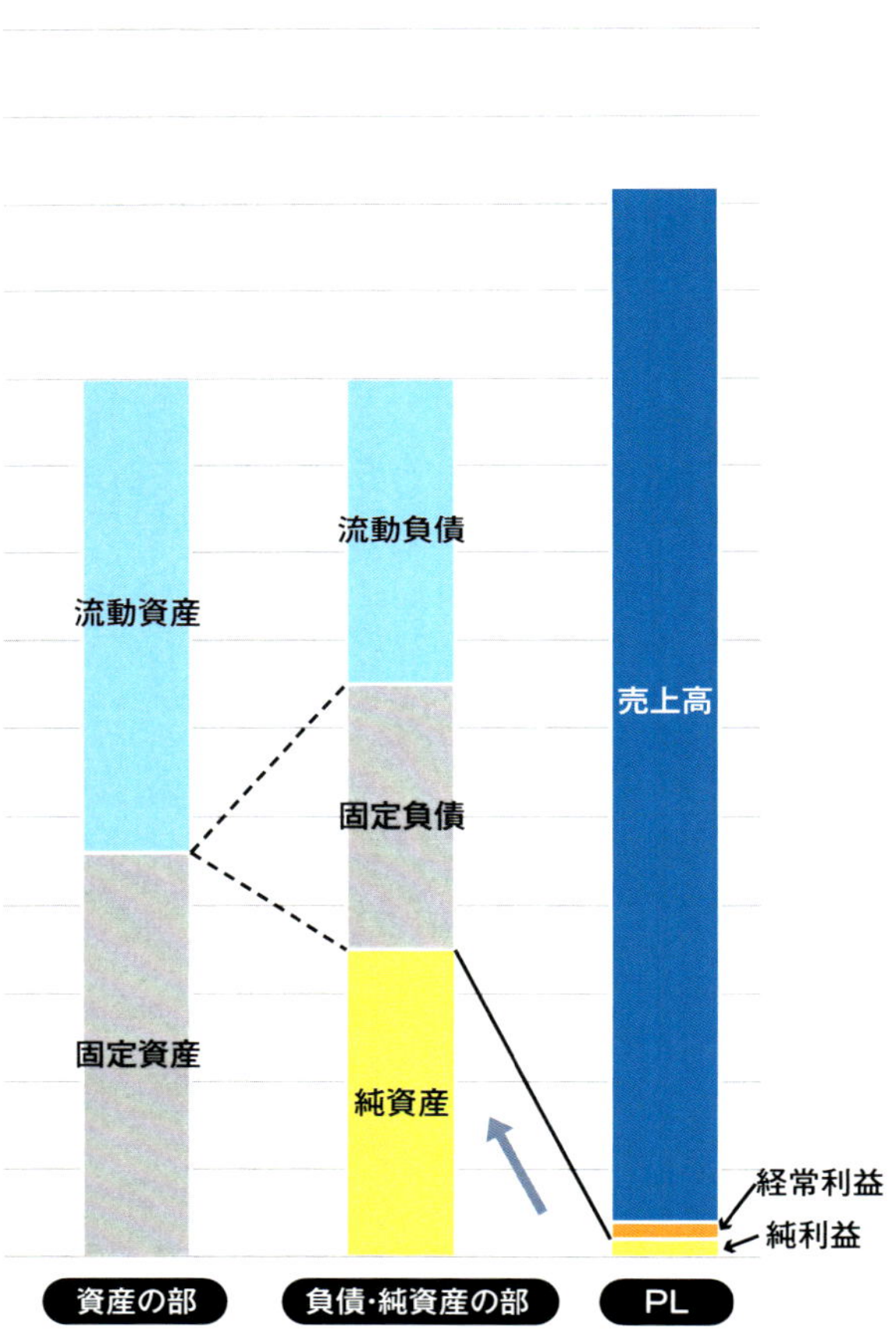

3・1 社長が保つべき正しいスタンス

会社と個人の境界を明確に

多くの会社は、正しい規律のもとに運営されているので失礼な話になるのかも知れませんが、最初に指摘したいのが何らかの形での会社の私物化です。交際費などの経費、車や不動産など個人使用に近いものの会社負担、貢献に見合わない法外な報酬、会社の事業目的に沿わない個人への貸付金などがこれにあたります。これらのことは、会社が必要とするときには、社長が個人融資をするではないか、ということで正当化されます。しかし、社長は、会社の運営に関して代表取締役という機関として機能するのが本質的な位置づけであり、貢献や手腕にもとづく報酬を受け取っています。受け取った報酬を個人生活のなかでどのように使おうが自由です。会社の運営と個人を明確に線引きすることが必要です。これらの線引きのないまま会社運営がなされることが、会社への銀行融資に社長個人の連帯保証が求められている理由です。

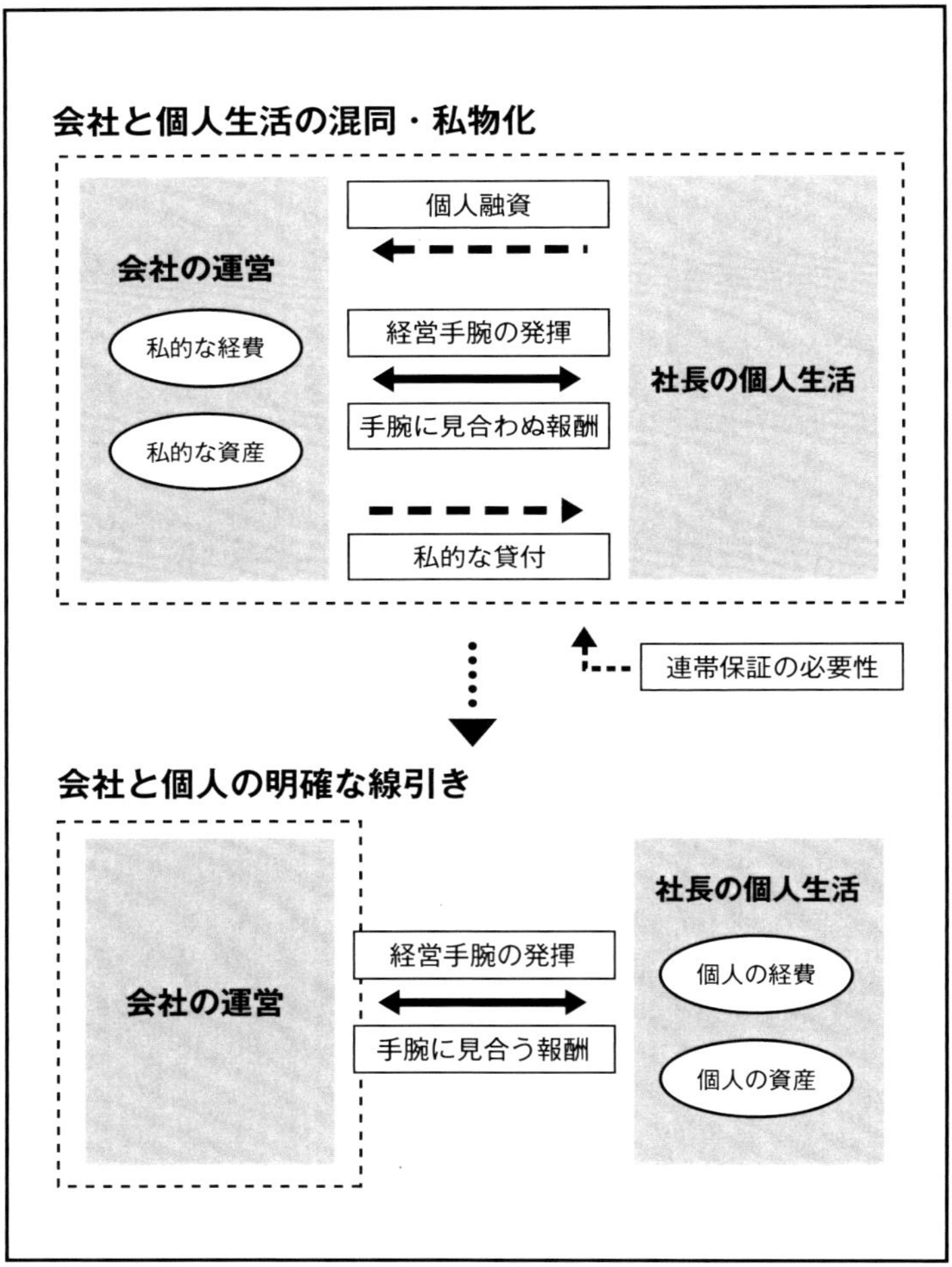
会社と個人生活の混同・私物化
個人融資
会社の運営
私的な経費
私的な資産
経営手腕の発揮
手腕に見合わぬ報酬
社長の個人生活
私的な貸付
連帯保証の必要性
会社と個人の明確な線引き
会社の運営
経営手腕の発揮
手腕に見合う報酬
社長の個人生活
個人の経費
個人の資産

公私にけじめがついている社長は、会社を運営するうえで大切な社員からの信頼も得ることができます。交際費などの使いかたは、大企業、中小企業を問わずトップや組織長がその範を示すことが大切です。トップが規律正しい姿勢を示さなければ、それを見ている企業全体が程度の差こそあれ腐敗していきます。

税金を惜しむな

税金を払うのは馬鹿馬鹿しい、税金を払うくらいなら経費で落とせることに使おう、という発想をもつ社長がいます。中小企業はもともと儲けが少ないのだから、税金を払わないのが当然だ、と考える経営者もいます。

しかし、良いバランスシートをつくるためには、自己資本を厚くしていくことが必要でした。そのためには利益を出し、税金を納めなければなりません。税金は企業の年輪、とも言われています。税金を納めて初めて自己資本の厚い、強い企業をつくることができるのです。

別の観点から言えば、企業は様々な社会的恩恵を受けて会社運営をしているのですから、納税は社会的な責務であると思います。わが社は税金をこれだけ納めていると、胸を張るくらいの気持が必要です。

リーダーシップをとり、ワンマンを回避

社長の役割は、大海原を航海する船の船長と似ています。目的の港を明確にし、台風や嵐を避けてその進路を指示することが要求されています。天候の情報を常に集めながら、一方では座礁をしないように見えない海底の状況にも気をつけていなくてはなりません。船を最適な状態にメンテナンスし、最高のパフォーマンスを発揮するよう保つことも仕事です。常日頃、船員と一緒に甲板を掃除する必要はないのですが、どちらに向けて、どのくらいの速度で船を進めるかは船長自身が決めなければならないのです。

多くの中小企業では、ボトムアップで重要な会社の方針が決まることは少ないと思います。社員は日々の業務に追われることが多いことや、そもそも会社の将来を考える機会が少ないことがその理由です。そこで問われるのが社長のリーダーシップです。環境の変化や取引先との関係、技術の変化などまわりで起こっていることを常に観察し、起

こすべき行動を考えていなければなりません。大きな投資、組織・制度の変更、重要プロジェクトへの対応方針、重要な人事や処遇の決定などスピードを要する決断、経営に大きな影響のある決断を下すのは、社長の仕事です。

その一方で、注意を要することがあります。社長は最終的な権限を持つため、ワンマンになってしまうリスクがあるのです。リーダーシップとワンマンは表裏一体のところがあります。ある一つの正しい決断をするには、情報が正確でなければなりません。ワンマンがゆえに、その必要な情報を得るための努力をしなかったり、情報が入る仕組みができてい

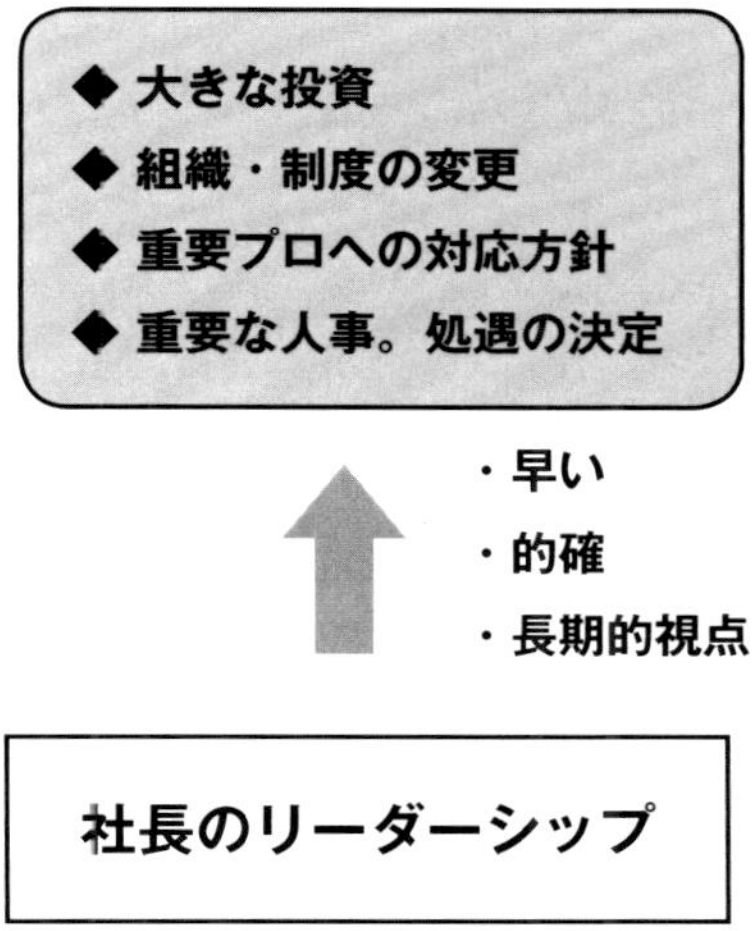

ないために間違った決断をしてしまうリスクです。また一方で、人間は感情の動物ですから、好き嫌いや一時の感情・感性で間違った判断をしてしまうリスクもあります。

このワンマンの結果引き起こされる判断ミスを回避するためには、風通しの良い、なんでも話しあえる風土をつくりあげることが必要です。社員と幹部、幹部と社長、社員と社長、中小企業の最大の利点は、規模が小さいが故にお互いの距離が近いということです。情報の共有という視点から、中小企業のこの利点を生かさないという手はありません。情報を常に開示、共有して、ともに悩んでもらい、判断の材料を提供してもらうことが的確な判断への近道です。

また、恣意的であったり、感情的であったり、短絡的であったりすることを避けるために良き相談相手をつくっておくことをすすめたいと思います。「この判断は間違ってないか?」と直接的に検証するのです。社内においては、幹部や総務に本当の意味で腹を割って相談できる存在があると多いに助けになります。このことは、間違った判断を避けるという意味で、会社の大きな利益になります。良き相談者は、社内に限ったことではなく、友人、知人にそれなりの見識をもった人がいるときは、本当に悩んだときは第三者の意見を聞き、判断のスクリーニングをすることを勧めたいと思います。

社長の報酬は社員平均給与の３倍

社長は最大の権限をもっていますから、自分の報酬も自身で決めることができます。しかし、会社の将来や適切な配分を無視して勝手に決めて良いものなのでしょうか？社長の報酬はどうあるべきか。業種や生い立ちなど様々な違いがあると思いますが、乱暴に言いきってしまうと中小企業では社員平均給与の３倍が適切であると思います。安い報酬にして、その代わりに会社に私物化の要素を持ち込むのは禁物です。また、その責任の大きさと比較して社員と変わらない報酬では割にあわないことになります。その一方で、社員に支払う給料に比べて法外な報酬をとるというのも、同じ目的に向かって働く社員との公平性を欠くように思います。したがって、いわゆる中小企業と定義される領域での適切な報酬は社員平均給与の３倍程度が妥当と考えているのです。

大企業では、社員数も増えることから社員の平均給与に対する社長の報酬は、**図「報酬／平均給与（倍）ｖｓ従業員数」**のように増大していきます。規模の拡大に伴い獲得できる付加価値が増大するため、社員に支払う給与に対する報酬の倍率も大きくすることができるからです。

報酬／平均給与（倍）vs. 社員数

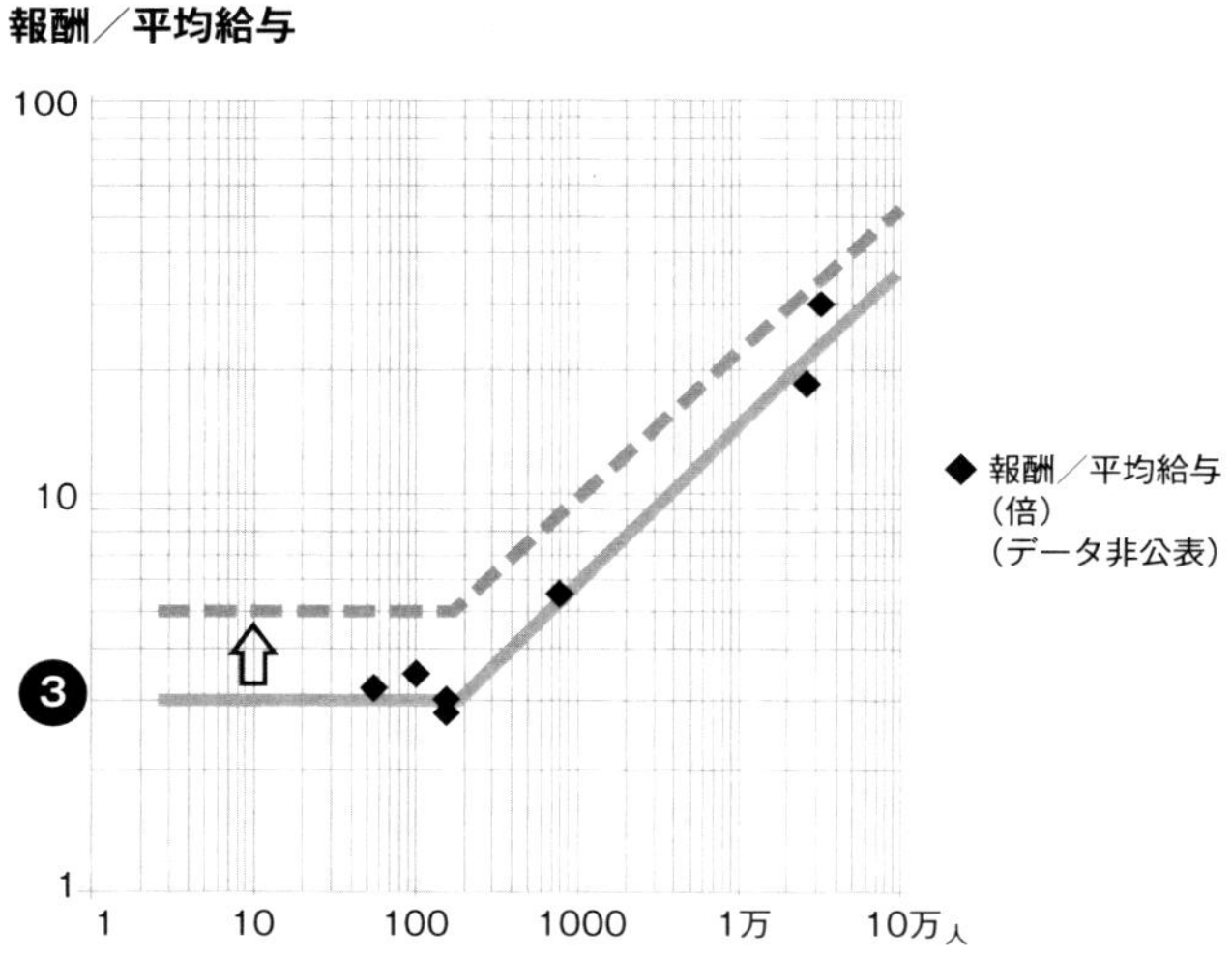

中小企業の場合は、おおまかに社長の報酬を社員平均給与の３倍と設定したうえで、決算が好調で思うような業績が得られ、のちほど触れる社員への決算賞与が支給できる状況にあるときは、社長を含めた役員への『事前確定届出給与』の導入を勧めたいと思います。これが報酬の上方弾力性の部分です。社員への決算賞与は、決算の状況を判断しながら決算月（多くは３月）に支給しても損金として認められます。しかし、決算の状況を見ながら役員へ賞与を支給することは、利益調整とみなされることから税務上損金扱いすることが許されていません。したがって、支給をするのは翌期になってしまうのですが、社員への決算賞与に見合う役員への決算賞与を決め、翌期に『事前確定届出給与』として税務上の手続きをしたうえで支払うのです。これは、社員とともに社長、役員が利益の向上のために心をひとつにして働くモチベーションとなります。

事前確定届出給与

支払いの前に金額を確定し、支払い時期と金額を税務署に届け出て届出に基づき支払いを実行する役員報酬。届出は定時株主総会から1ヶ月以内もしくは決算から4ヶ月以内の早い日までにおこなう。たとえば社員の賞与と同時期の7月と12月に支給するようなことが考えられる。全額損金として扱うことができる。

3・2 収益力アップのためのしくみづくり

大企業と中小企業の違い

大企業と中小企業は多くの点で違いがあります。大企業には多くの利点がありますが、中小企業にも中小ならではの多くの長所、利点があります。弱点を補いながらその長所を生かした経営を心がけることが肝要です。

例えば、経営を考える上で最も重要なことのひとつに人材があります。もともと中小企業はリクルート面では不利にたたされており、所謂、優秀校からの採用はむずかしいかもしれません。しかし、学歴というのは未知の人材の可能性を探るツールに過ぎず、何を勉強してきたのか、いまから何ができるかが重要です。中小企業には、優秀校の肩書きを持たなくても、実務を確実にこなすなかで着実に成長した人材が必ずいます。それらの人材を実力本位で評価、育成、登用していくことが必要です。

また、会社の運営という点で大企業と中小企業は著しく異なります。大企業は何層にも階層化しており、意思決定や承認のプロセスに時間と労力が浪費されています。多くの会議が用意されており、そのための資料づくりや事前説明に時間が費やされます。その点、中小企業は簡単です。無駄な資料や会議は不要です。常日頃から意思疎通を心がければ、情報共有のためや、決定事項を確認するために最低限の会議がもたれておれば十分です。本来の企業活動のために、多くの時間を使うことができます。

さらに、大企業はいったん決めてしまうと容易に方針変更ができないという特質があります。進路を容易に変えることができない戦艦に例えられる所以です。中小企業は、長期的な展望を描くことが困難で、目先の環境変化をいち早く察知し、過去にこだわることなく変化していかねばなりません。意思決定のプロセスが簡潔で時間を要しない、というメリットを生かして小回りの利く事業運営を図るべきでしょう。一方で、大企業は、なかなか方針変更ができない割には、新規事業の開発などにおいてはトップ交代のたびに方針変更ということがたびたび起こっています。オーナーの中小企業の場合は、自分の意思で進めたものに対する思いや、投資回収に対する執念などもあり、良い意味で事業の芽に対する忍耐強さがあるように思います。

大企業と中小企業の違い

	大企業	中小企業
人材の特質	◆社長はスタッフ・組織に支えられている ◆社員は会社の力を自分の力と誤解 ◆学歴、肩書き立派 ◆学閥、閨閥、出身閥が横行	◆社長がぼんくらでは即経営危機 ◆社員は会社の力がないことを自分の力のなさと誤解 ◆学歴はぱっとせずとも能力あり ◆実力主義
ステークホルダーの特質	◆一般株主が株を保有 ◆元請けゆえ大儲け ◆国、行政からみの仕掛けでは実力あり ◆資金調達容易	◆株主は社長本人か、同族、役員、社員 ◆下請けゆえ薄利 ◆中小企業への施策のみ享受 ◆資金調達難しい
事業運営の特質	◆変化が遅い（進むも止めるも） ◆議論が多い、資料づくりが主たる業務 ◆中長期計画が可能 ◆護送船団型意思決定	◆臨機応変な対応なければ生き残り不可 ◆議論をしている余裕なし、資料づくり極小 ◆短期。四半期計画のみ可能 ◆トップダウン型意思決定

事業ポートフォリオの構築を

中小企業の弱点のひとつは、特定の取引先、特定の事業に依存しているということです。営業力にも限界があり、技術の幅も限られていることから、このことは容易に克服できるものではありません。独占禁止法のなかの優越的地位の濫用に関する定めや、下請法は中小企業がこの本質的な弱点を抱えた弱者としての地位を鑑みて制定された法律です。

この本質的な問題を解決するには二つの方法があります。第一は、特定の取引先や特定の事業・商品に過度に依存することがなく、事業の柱を複数構築することで変化に強い事業構造をつくりあげるという方法です。そして、もうひとつは代替が不可能な技術やコスト競争力をもつことで、これについては次の項で触れたいと思います。

前者の事業ポートフォリオの構築は、ふたつの軸から考えてみるのがよいでしょう。ひとつは顧客軸からの構造です。顧客別売上高を売上高が多い順にグラフにすると（ABC分析）、多くの会社は1，2社への依存度が高くなっています。**図「取引先別売上高の平準化」**の例でいえば、X社の方針やX社の事業環境の影響を大きく受けることになります。同じ売上高であれば、平準化された構造のほうがより安定的で変化に強いということができます。一朝一夕にできるものではありませんが、平準化された構造をつくりあげるという意識をもって経営をすべきです。理想をいうならば、X社の売上高を維持した状態でY社、Z社の売上高を高めて平準化していくことを指向したいものです。

同様に、事業の内容や商品の偏りも企業の安定性という観点からは問題となります。過度にひとつの事業や商品に依存するとその事業や商品の陳腐化や代替技術や競合者の出現により、会社全体の安定性が脅かされることになります。これは、新規事業や新商品の創出という課題にもつながりますが、バランスのとれた複数事業・複数商品を品揃えしておくことが企業の安定には必要です。（**図「事業分野別売上高の平準化」**）

取引先別売上高の平準化

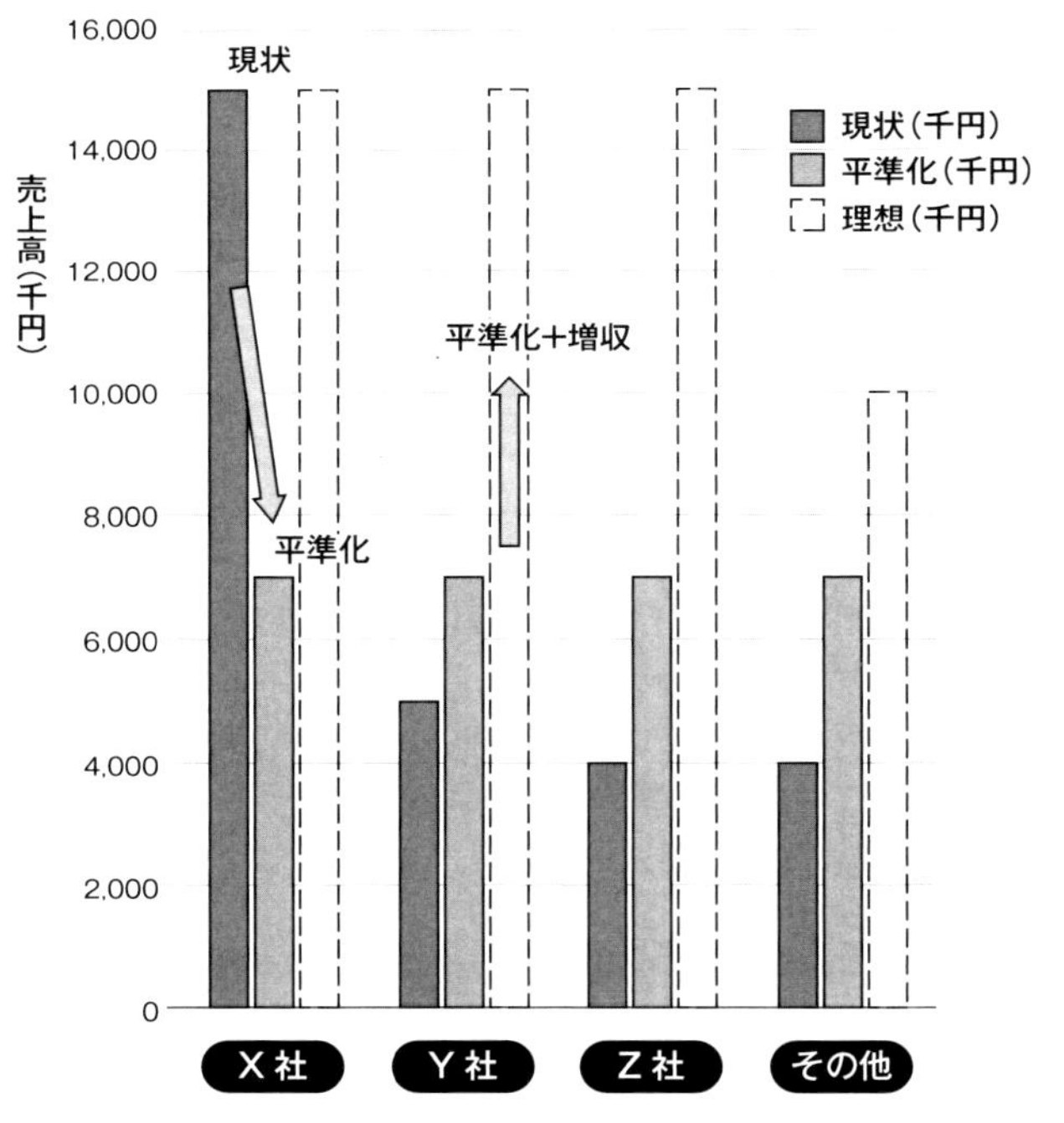

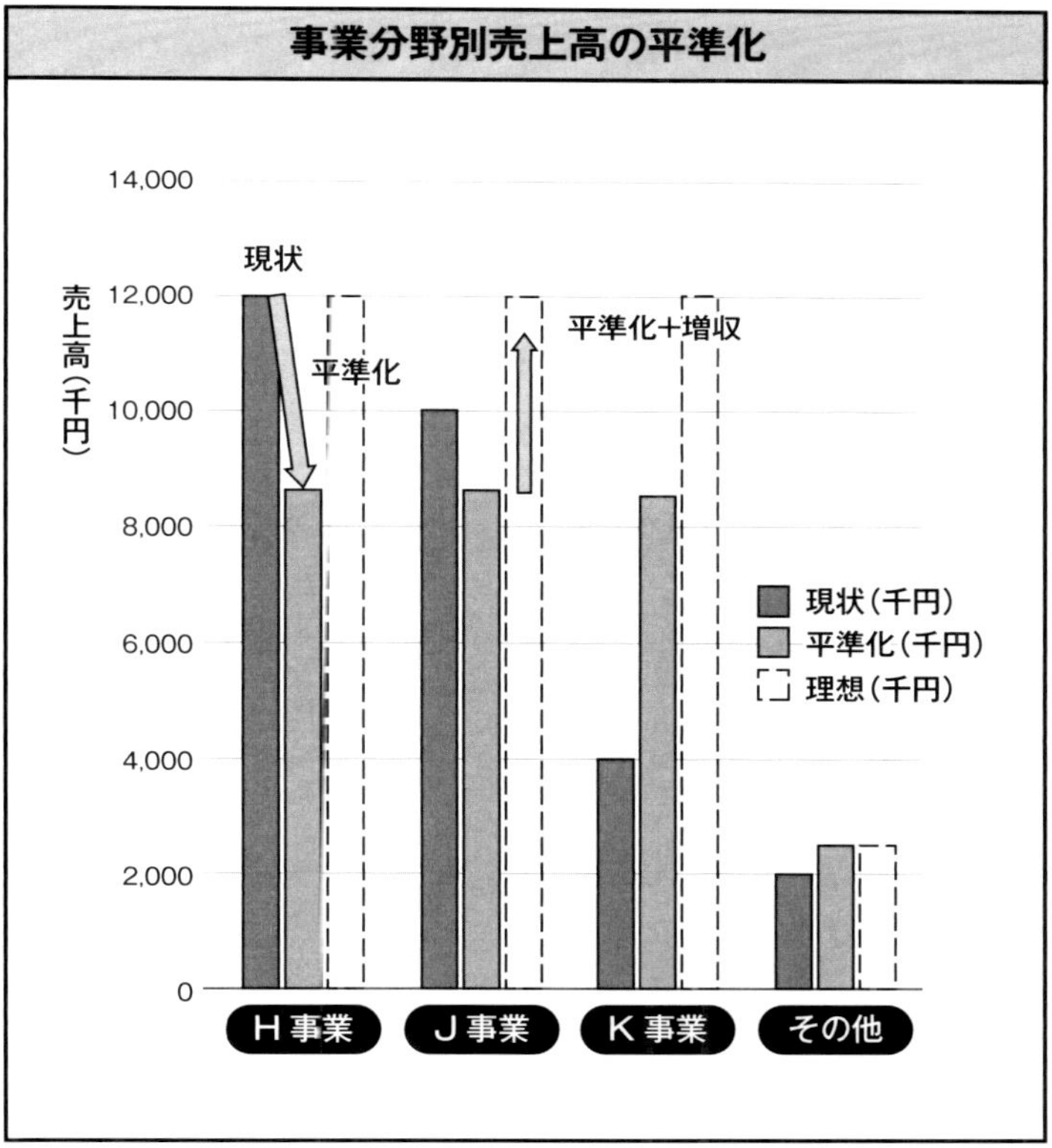
事業分野別売上高の平準化
売上高（千円）
14,000
12,000
10,000
8,000
6,000
4,000
2,000
0
現状
平準化
平準化+増収
現状（千円）
平準化（千円）
理想（千円）
H事業
J事業
K事業
その他

独自技術とニッチ領域へのこだわり、競争優位の土台づくり

昨今、ＭＲＪの商業化を支える中小企業のものづくり技術や、少し古くなりますが「下町ロケット」の佃製作所などが話題になっています。中小企業のなりわいのひとつは、大手企業からの下請けです。下請けの場合において、どこでもできる技術、どこでも供給できる商品であれば大手にとっての調達先は無数にあります。そして、その場合は最低限の品質を満足しておれば価格だけが勝負になります。そういった市場で収益性の高い事業を営むことは非常に難しいことです。ＭＲＪの例では、難加工金属の精密加工の技術をもつ中小企業が脚光を浴びています。

下請けの仕事においては、代替が不可能か困難な技術を持つことを常に念頭に置いて、競争優位の環境をつくらなければなりません。競争優位の環境づくりに最も効果的なものは、独自技術・独自商品です。独自技術をコアに一般的な技術を組み合わせた商品、サービスを提供することが望ましい姿です。また、競争優位の環境には、経験や実績の蓄積、効率性から生まれるコスト競争力、短納期・規模への対応力なども含まれます。発注サイドのニーズを常に考え、また競合者との対比において自らの競争優位はな

にか、ということを考え、アイデンティティを確立することが肝要です。

また、中小企業とはいえ、下請けではなく、一般市場に向けて事業を展開していくこともあります。そのケースでは、すきま市場、いわゆるニッチ領域での事業、商品を考えるべきでしょう。大企業も参入したいと考える領域では、せっかく築き上げた市場も、やがて規模や資本に優位にある大企業に征服されてしまうリスクがあります。ニッチ領域というのは、市場規模が小さく魅力的でない、しかし必ずニーズが存在している領域です。また、これらは邪魔くさく手間暇がかかることも特徴的です。中小企業の泥臭い実行力が結実する領域でもあります。このような領域に、事業・商品の芽を見出した時は、後発を許さない周辺技術の構築を急いで、ニッチ領域におけるリーダーの地位を確立したいものです。「痛くない注射針」で有名な岡野工業は、ニッチ領域を開拓しリーダーとなったお手本ですが、このような大成功例でなくともニッチ市場に無数に世の中に拡がっています。

事業ユニットの構築とリーダーの配置

事業が複数にわたる場合は、事業ユニットを明確にするのが望ましいと思います。この場合、事業ユニットというのは、技術や商品で分類が可能な場合、あるいは客先が異なっている場合などの対応組織のくくりです。各ユニットの人員、売上規模の大きさに差異が出てきたとしても、損益管理単位のくくりとして適切であれば事業ユニットとして組織すべきです。各ユニットには、事業に精通した適切なリーダーを選定します。このリーダーの役割は、担当分野で中期的なレンジで事業を推進することです。そのための営業から実行までのユニットのマネジメントと、中期的な視点での要員・設備の配置を計画し実行します。ミニマムコミットメントは、収益が0以上（黒字）となることです。

儲かっている分野もあるし、多少の赤字分野もあるものの、会社全体としてとりあえず黒字になっているからまあいいか、という考え方は禁物です。事業ユニットを、明確にしてユニット単位で黒字を出すことが肝要です。理由は簡単です。0以上の総和は必ず0以上になるからです。リーダーは、現状の所与の条件のなかでミニマムコミットメントを果たすよう努力しなければなりません。それを超える対応が必要な場合は、全社的な見地から対策を施す必要があります。

このような事業ユニットを組織して、確実な収益をあげる体制を指向する場合に、いくつかの留意点があります。まず、第一は、社長によるリーダーとの対話とサポートです。お前の責任は必ず黒字を、できれば大きな黒字を出すことだ、あとは知らん、というのではリーダーもたまったものではありません。権限を与えて実行させることと、投げ出しは別物です。リーダーは、判断を仰ぎたいこと、権限を越えたアクションが必要と考えていることなど多くの悩みを抱えています。社長は、責任を押し付けるだけではなく、それらの悩みが汲み取れる職場環境や人間関係をつくりあげることが必要です。

第二は、事業ユニット間のセクショナリズムの排除です。担当部署の利益を考えるばかりに会社全体の利益を考えることが希薄になることを避けなければなりません。そのためには、リーダーや構成する社員が他の事業ユニットの状況を常に知っておく必要があります。この情報の共有化という作業さえできておれば、互いのことを考え助け合う風土は自ずと生まれてきます。

第三に、赤字を出してでも推進しなければならない戦略分野の取り扱いです。中小企

それぞれの事業単位のプラス損益をめざす

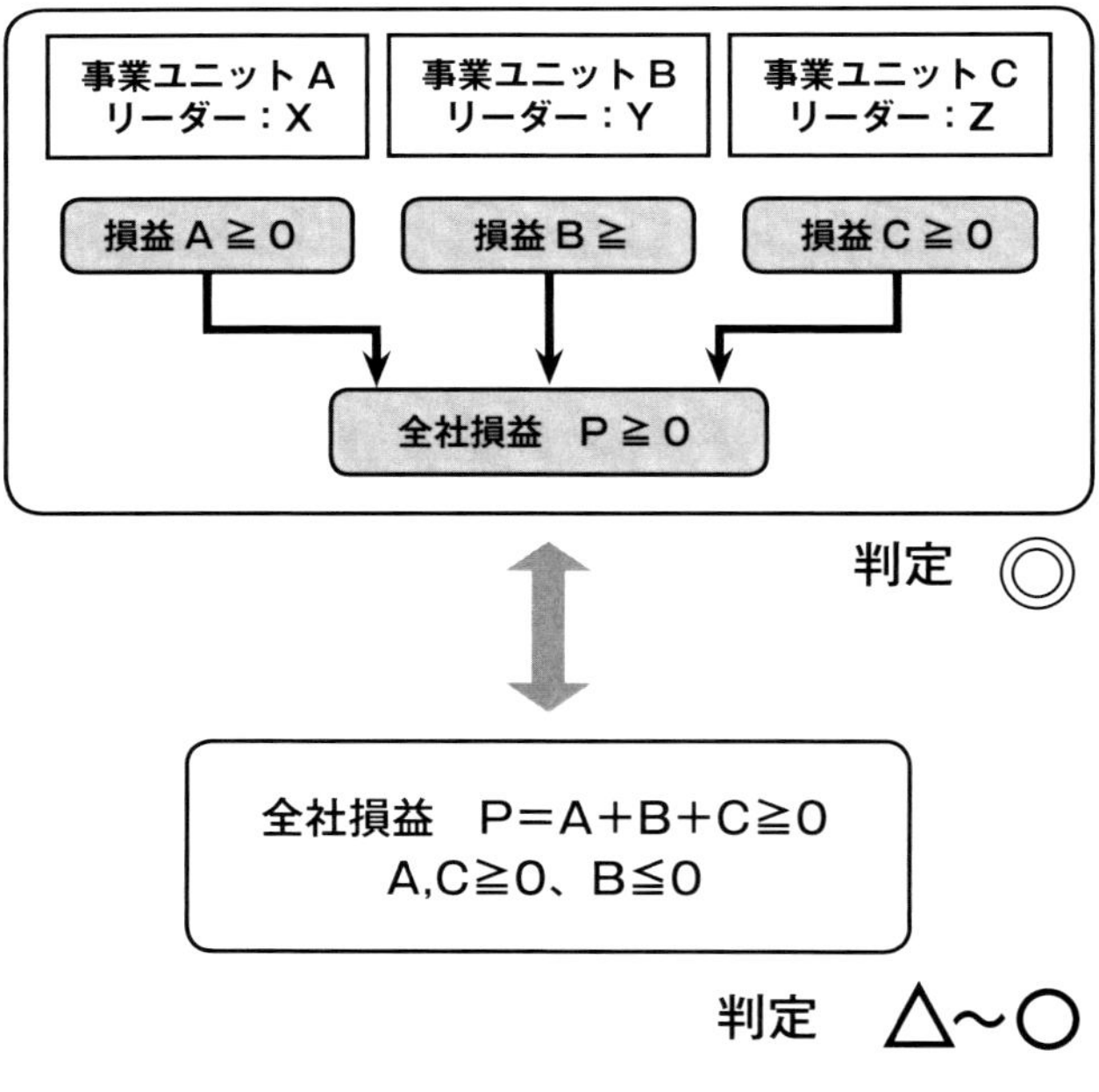

業の場合は財務基盤がぜい弱で事業規模も小さいことから、戦略分野についても、食いつなぎながら推進していく必要があります。したがって、戦略分野、新規事業についても、該当する分野の事業ユニットのなかに位置づけ、その収益が0以上、すなわちミニマムコミットメントが果たせる範囲で推進することが安全です。小さく産んで大きく育てる、というわけです。ベンチャー企業などでは、全く異なった発想で事業運営をしなければならないこともあるかも知れませんが、中小企業の場合は、適切に細分化された事業ユニットの収支のなかで、戦略分野を開拓していくことが確実な成功につながる道だと思います。

簡素な管理部門と簡潔な意思決定

一部の大企業では、人事や企画でなければ人にあらず、などと揶揄されるような管理偏重の風土があります。また、取締役会や事業部の重要方針のための大会議では、たくさんの人間が招集されているにもかかわらず、会議のトップと発議者以外はだれも発言しないということが現在も続けられています。様々な階層で会議のための資料づくりや根回し、修正のために膨大な時間が費やされています。ペーパーレスなど外面的なスタイルが変化しても実態は変わっていません。

中小企業は、大企業を反面教師として、大企業の無駄を省いた効率的な経営を指向しなければなりません。そのためには、人数が少ないが故のメリットを享受すべきでしょう。10人程度の会社であれば当然、２００人から３００人程度の会社でも社長から新人までお互いの顔と名前、経歴や性格、仕事上の成果や評価を知りあうことは可能です。

常日頃から、社長と先述の事業ユニットリーダーの間、事業ユニットリーダーとユニットを構成する社員との間で課題が共有されていなければなりません。課題が何で、解決のためになにをすべきか、ということが常に議論されていれば、それ以上の会議体や資料は必要ありません。実行あるのみです。唯一、資料が必要になるのは、選択肢が複数あり、方向が一目瞭然ではないケースにおける頭の整理のためのものや、経営計画など部門を超えて共有が必要な情報と部門間での意思疎通のための必要なものに限られます。

管理部門については、いくら小さな会社であっても人事・給与、経理・財務、労務、契約や官庁対応、システム対応など多岐に亘ります。間接コストをできる限り少なくする必要のある中小企業にあっては、限られた精鋭の要員でこの多くの業務をこなしていかねばなりません。多能工化を、計画性のある育成とローテーションで実現していくことが必要です。

また、大企業では一般的に管理部門は、敷居が高く、権力を持った組織であるかのように捉えられています。このような大企業の管理部門の在り方を反面教師として、中小企業の管理部門は、会社を円滑に回すためのサービス部門という意識で運営される組織にしたいものです。

儲けに対する社員の意識改革

会社の収益の骨格を決定づけているのは、販売先と実際に交渉したり、製造や調達を実行している社員の仕事に対する姿勢です。社長が、交渉や実行の細部まで関わることは難しいので、社員を含めて会社で仕事をするものすべてが、儲けというものを考えて行動することができれば、組織としての大きな力とすることができます。売上計画の達成とか、コストダウンの達成とか、上意下達のセグメント化された目標設定ではなく、交渉や実行にあたる社員の収益に対する自主的な意識の醸成が大切です。

例えば、利益率5％の商品やサービスを売り込む際の価格交渉で、価格をなんとか1％上乗せすることができれば利益率は20％あがります。価格交渉が、いかに重要かが分かります。また、利益率5％の仕事のなかで、当方の責任による弁済のコストが500万円かかったとすると、この損害を埋め合わせるには、新たに1億円の仕事を受注しなければなりません。当方の責任による弁済が必要になるような品質や納期の問題を未然に防ぐことや、弁済のコストを最小限におさえることの重要性が再認識されると思います。

このようにプレーヤーである社員の一人一人が、儲けに対する強い意識をもって仕事にむきあい、行動を起こしている会社は真に収益性の高い会社ということができます。

3・3 社員のやる気を引き出す人材活用術

決算賞与のすすめ

会社の業績は、社長や役員だけがいくら頑張っても、あるいは号令をかけても良くなりません。会社の損益計算書（ＰＬ）づくりの主役は社員ですから、社員がやる気をもって頑張り、良いＰＬをつくるために自立的に行動することがなければ、会社の業績は良くならないのです。

では、どうすれば社員は、会社の収益を向上させるために全力を傾けることができるでしょうか？　それは、目に見える形で会社の利益（文字通りの損益）が社員の利益に直結する仕組みをつくることです。「今年は業績が良さそうなので賞与も少しは増えるかな」などの漠然としたものでは弱いのです。先述の事業ユニット単位や、それを取りまとめた会社全体の収益状況を常に公開し、その利益の最大化に決算の直前まで全力を尽くし、その利益の何分の一かを直接的に決算賞与として社員に還元するのがおすすめです。会社の利益（損益）と社員の利益を一致させるのです。

私が社長を務めたS社では、状況の許す限り、経常利益見込み額の3分の1を目安として決算賞与を支給していました。3月に1ヶ月分の給与に相当する額の賞与を支給する仕組みとしていましたので、それに決算賞与が加算されることになり、一般的な会社にはない3月というタイミングでかなりの額の賞与を受け取ることができています。そして、それは会社の業績と連動する形ですので、会社と社員の目的を一体化するうえで大きな役割を果たすことができました。

決算賞与は、業績を会社と社員がシェアする仕組みですから、その配分についても利益への貢献を加味する必要があります。部門の業績、個人の業績も勘案しながら納得感のある形で支給額を決めるのがよいと思います。

持ち株制度と配当

株式の持ち方については、会社の生い立ちや現在の株主の状況、同族経営へのこだわりなど、会社によってポリシーが異なるため、一概に持ち株制度の是非を持ち込むのは適切ではないかもしれません。しかし、社員が株式を保有するということは、会社の経営と社員の意識を一体化するうえで大きな助けになります。

いま、議論の対象としているのは中小企業ですので、その多くは株式譲渡制限会社です。すなわち、無関係な第三者への株式の分散を防止するため、株式の譲渡には取締役会の承認が必要で自由な売買ができなくなっています。同族経営であろうが、会社のなかから役員と代表取締役である社長が選任されて事業が継承されている会社であろうが、一定の株式を社員に持ってもらうことは社員のモラルアップに有効です。社員に株式をもってもらおうというのですから、経営と対立的な関係にある社員は想定していませんが、例えば特別決議の否決を回避する33％未満を社員持ち株枠にするとか、普通決議の否決を回避する50％未満を社員持ち株枠にするとかの考え方があると思います。

持ち株会をつくる、種類株を発行するなど様々な方法が考えられますが、取締役会の承認を経て、単純に普通株式を保有してもらう方法が簡単です。その場合、あくまで社員の株式保有を考えた制度ですから、退職時には取締役会の指定する相手もしくは自社に、決められた価額で譲渡してもらう旨契約することが前提です。会社の価値が上がると、譲渡価額を決めないでおくと社員間の譲渡が困難になることがあるため、譲渡価額は譲り受け価額と同一、すなわちキャピタルゲインなしの条件で譲渡契約を結んでおくことが必要です。また、持ち株制度の対象となるのは、経営を共有するという意味から基本的には管理職層以上のものとし、役職別に保有株式数の枠を決めて、譲渡が可能な株の発生の都度配分を決定していきます。

キャピタルゲインがないことを前提に、株式を引き受けてくれる安定株主を持とうとするのですから、配当は可能な限り多くする必要があります。会社の財務改善のステージがどこにあるかによりますが、配当性向は世の中で行われている20~30%というレベルにこだわらず、さらに大きくても良いと思います。株主という立場からも、会社の運営を理解し、支持する存在となってもらえるのであれば安いものです。

なお、株を持つかどうかは社員の自由です。会社が順調で、同じ船に乗る気になった社員は保有を希望するし、一線を画したいと思う社員は購入しません。会社が安全であることを理解し、かつ配当が預金などの他の資産運用と比較にならない程度に大きければ、一般的には保有を希望するものが増えてきます。

社員のモチベーションアップのための処遇・人事評価制度

仕事上で、人間がもっともやりがいを感じ、満足するときはどんなときでしょうか？モチベーション理論のなかでも納得感があり、また理解しやすいものに、ハーズバーグの動機付け・衛生要因理論（二要因理論）があります。仕事に対して満足をもたらす要因（動機づけ要因）と不満を引き起こす要因（衛生要因）は異なり、衛生要因をいくら取り除いても、不満足感を減少させる効果しかない、というものです。満足を引き起こす動機づけ要因が満たされることで初めてモチベーションが形成されるとしています。

労働条件、給与、同僚との関係や福利厚生は、衛生要因であり、それらは問題があるときの不満要因となっていますが、問題がなくなったといってもモチベーションの向上にはつながりません。確かに、衛生要因として位置付けられている給料について考えてみても、なんらかの理由で給料が減ったりすると大変不満です。しかし、その一方で、給料があがってもその喜びは束の間であるというのはだれもが経験している事実です。

一方で、働いていて心から喜びを感じるのは、やった仕事に達成感があり、それを周りからも評価してもらえるときではないでしょうか？　また、常日頃の仕事ぶりを評価

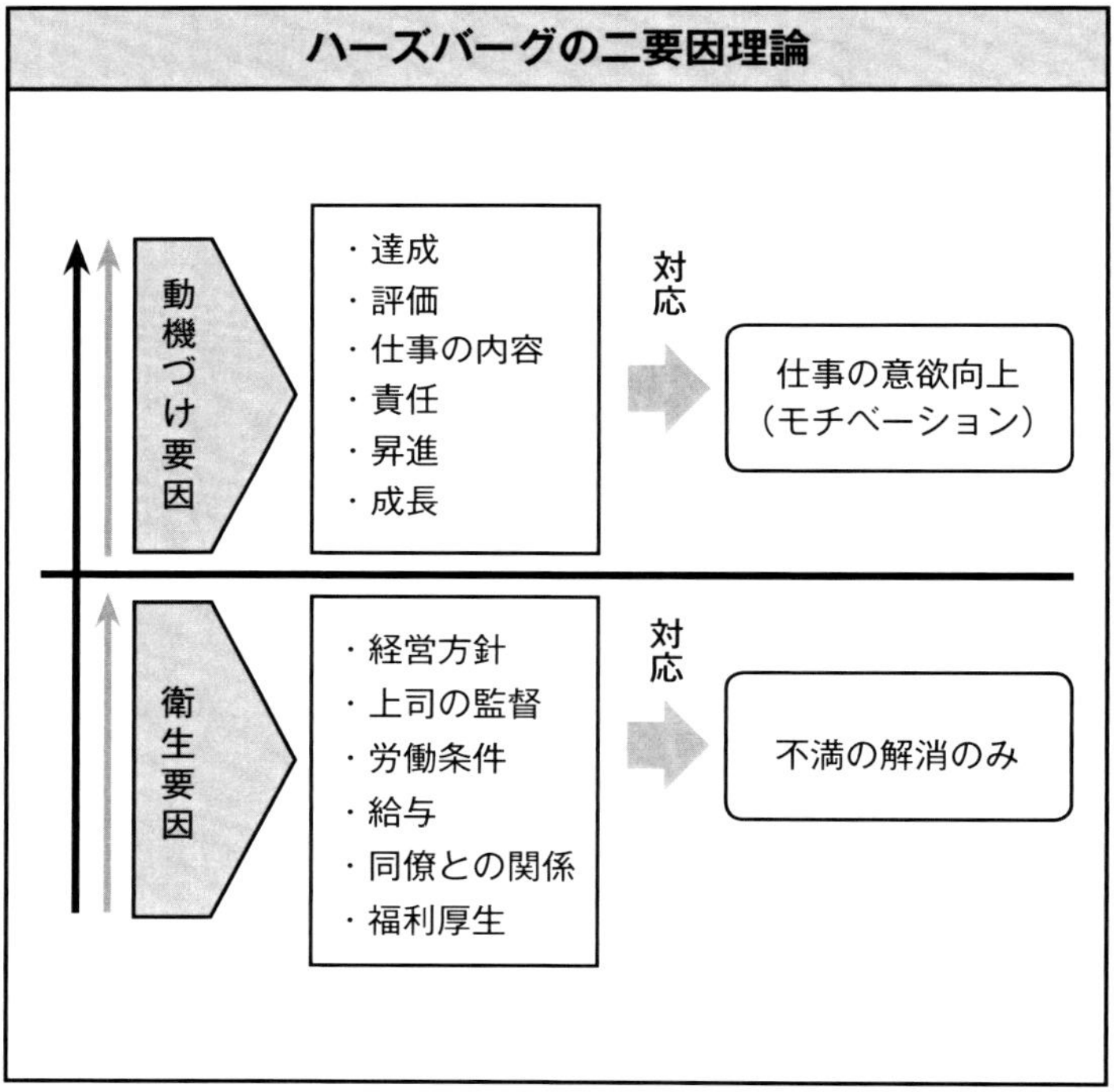
ハーズバーグの二要因理論
動機づけ要因
・達成
・評価
・仕事の内容
・責任
・昇進
・成長
対応
仕事の意欲向上
（モチベーション）
衛生要因
・経営方針
・上司の監督
・労働条件
・給与
・同僚との関係
・福利厚生
対応
不満の解消のみ

されて、マネージャーに昇格するときには、これからも頑張っていこうと決意をあらたにするものです。これらがハーズバーグの二要因理論でいう動機づけ要因です。

動機づけ要因を刺激して、社員のやる気を引き出すには、社長表彰などを設けて業務の成果や改善、発明に対して直接的に功績を承認することは多くの会社で実施されています。ただ、それ以上に社員のモチベーション形成に影響が大きいのは、会社のしくみとしての業績を加味した報酬制度や昇格人事制度です。具体的には、賞与、昇給、昇格などを適切におこなうということになります。これらの制度においては、透明性と公平性の観点で設計、運用されることが大切です。

透明性というのは、業務の成果をできるだけ定量化し、それをオープンにするということです。たとえば、営業の部門では受注高、生産部門では生産量や不良率、プロジェクト管理部門であればプロジェクト損益など、業務上の成果を、本人はもちろん、周りにも分かる形にします。そのときに注意すべきことは、部下の育成、管理職としてのマネジメント成果、将来のためのアクション、部門を超えた調和のための貢献、などの調整を加えて総合評価をすることが大切です。そのようにしないと、数字だけが成果であって、その達成のためだけに働く人間を育ててしまうことになります。

また、公平性ということに関しては、『上司3日、部下3年』という言葉がありま す。上司は部下に対して本質をさらけだすことが容易であるため、すぐに見抜くことができます。一方で、部下は、自己防衛の意識が強いため、上司にゴマをすったり、仮面をかぶったりすることがあるので長い期間をかけないと本質にせまることができない、という意味です。中小企業に限らず、すべての会社にとって、有能な人材をきめ細かく昇格させて、登用、配置していくことは会社が存続していく上で根幹となる要素です。好き嫌いや、自分にとって都合のよい人間を優先させてはなりません。会社のことを考え、最適な人材の登用、配置を行っていかねばならないのです。

透明で公平な処遇・人事評価制度を設けて運用することができれば、誰もが評価に納得し、モチベーションの高い、活性化された組織にすることができると思います。

ブラックエンジンの起動とそのフォロー

ホワイトエンジンとブラックエンジンも、モチベーション理論のひとつです。人のモチベーションを生み出す源となるものに、ホワイトエンジンとブラックエンジンのふたつがあるというものです。ホワイトエンジンは、感謝や貢献、信頼からくる動機でマズローの５段階欲求説や二要因論にも重なってきます。一方、ブラックエンジンとは、不安や危機感、プレッシャーなどストレスにさらされながらもなんとか自分を鼓舞しようとする動機です。

会社の運営は、一般社員から管理職、そして経営層の全員がわきあいあいと活力をもって働くことができる環境がつくられることが理想です。しかしながら、暖かい真綿に包まれて永久に同じ仕事を続けることは困難です。ひとつには、経営環境は常に変化していて、いまのままの仕事の内容と仕方では生き抜けないということです。もうひとつは、働く人間の問題です。過ごしやすい環境に慣れてしまい緊張感や意欲が欠けてきたり、いくら失敗しても学習効果がなかったりするような状況ができてきます。

そういった状況のなかでブラックエンジンを起動させることも必要となります。この局面を乗り切ることが自分の役割であり、これを乗り切れなければ将来を切り開くことはできない、というのがブラックエンジンの起動の動機です。切羽詰まった状況ですから、このブラックエンジンはときに馬鹿力を発揮します。このブラックエンジンの起動で問題を克服できたとき、大きく成長したり、将来の糧となる経験をすることができます。

ただし、ブラックエンジンを作動させようとするときは、ふたつの注意が必要です。ひとつは、ブラックエンジンはいつまでも動かし続ける性格のものではありません。社長や上司は、問題を克服したものにねぎらいと承認の気持ちをもって接することが必要です。もうひとつは、本人のメンタルな状況をよく把握しておくことです。メンタルに追い込まれている状況では、ブラックエンジンの起動は禁物です。成長のチャンスとメンタルなリスクは紙一重です。

3・4 事業拡大のセオリー

SWATより、技術、市場ドメインでの戦略構築

企業はどのように事業拡大の道を探ればよいのでしょうか？　経営理論では、たびたびSWAT分析というものが取り上げられます。内部環境として、自社の強み（Strength）と弱み（Weakness）を抽出します。そして、会社を取り巻く外部の環境として、市場機会（Opportunities）と脅威（Treat）を分析、列挙します。そして、**図「SWAT分析による戦略構築」**のように自社の強みを生かし、市場に機会が生じている分野に参入し事業拡大を図るというものです。

自社の状況と会社を取り巻く環境に、折々で評価を加えるという作業は重要です。ところが、この方法で分析してみたところで、具体的にどのような事業を開拓していけばよいのかという解答が演繹的に導かれることはありません。SWOT分析は、具体的な事業機会のネタが出てきたときに、事業化にすすむべきかどうかという評価をおこなう

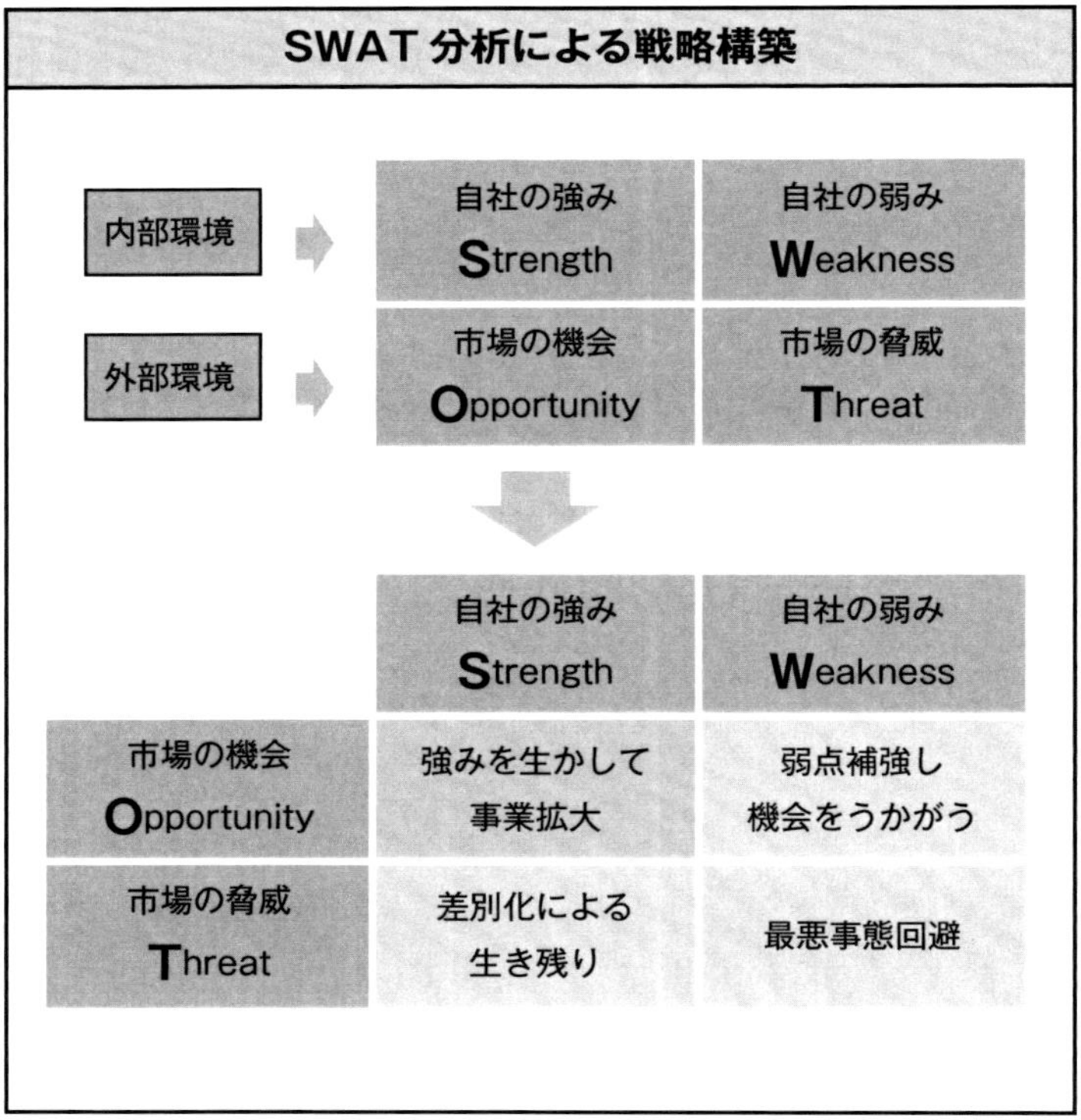
SWAT 分析による戦略構築
内部環境
自社の強み
Strength
自社の弱み
Weakness
外部環境
市場の機会
Opportunity
市場の脅威
Threat
自社の強み
Strength
自社の弱み
Weakness
市場の機会
Opportunity
強みを生かして事業拡大
弱点補強し機会をうかがう
市場の脅威
Threat
差別化による生き残り
最悪事態回避

のに用いるツールです。

では、事業拡大の道を具体的に検討するにはどうしたらよいのでしょうか？　もっとも考えやすいのはアンゾフの成長ベクトルで用いられる座標軸を用いて考えてみることです。アンゾフの成長ベクトルは、横軸に商品・サービスを、縦軸に顧客・市場をとり、それぞれを現在と新規（将来）に区分してできるドメインでものごとを考える手法です。このアンゾフの成長ベクトルで事業拡大の方向を探るとき、私は二段階のステップで考え、事業化をすすめていくことを強く勧めたいと考えています。

第一のステップは、**図の「商品・市場ドメインで見る事業拡大（第一ステップ）」**に示すように、現在の顧客・市場に新しい商品やサービスを提供することによって事業を拡大するということです（図中のプライオリティ1）。なぜこのドメインが最初に攻めるべき領域かというと、まず、日頃商売をしている相手ですから、その顧客や市場が何を必要としているか、ニーズの変化は何かということが最もわかりやすいからです。次に、現在の顧客ですから、営業が容易であるということをあげることができます。新しく生まれてくるニーズに応えていくためには、開発が必要な場合もあるでしょうし、新たな設備が必要なこともあります。そのときに、後ほど触れますが、「差別化」、「ニッ

商品・市場ドメインで見る事業拡大（第一ステップ）
－まずは現在の顧客に新商品・新サービスを－

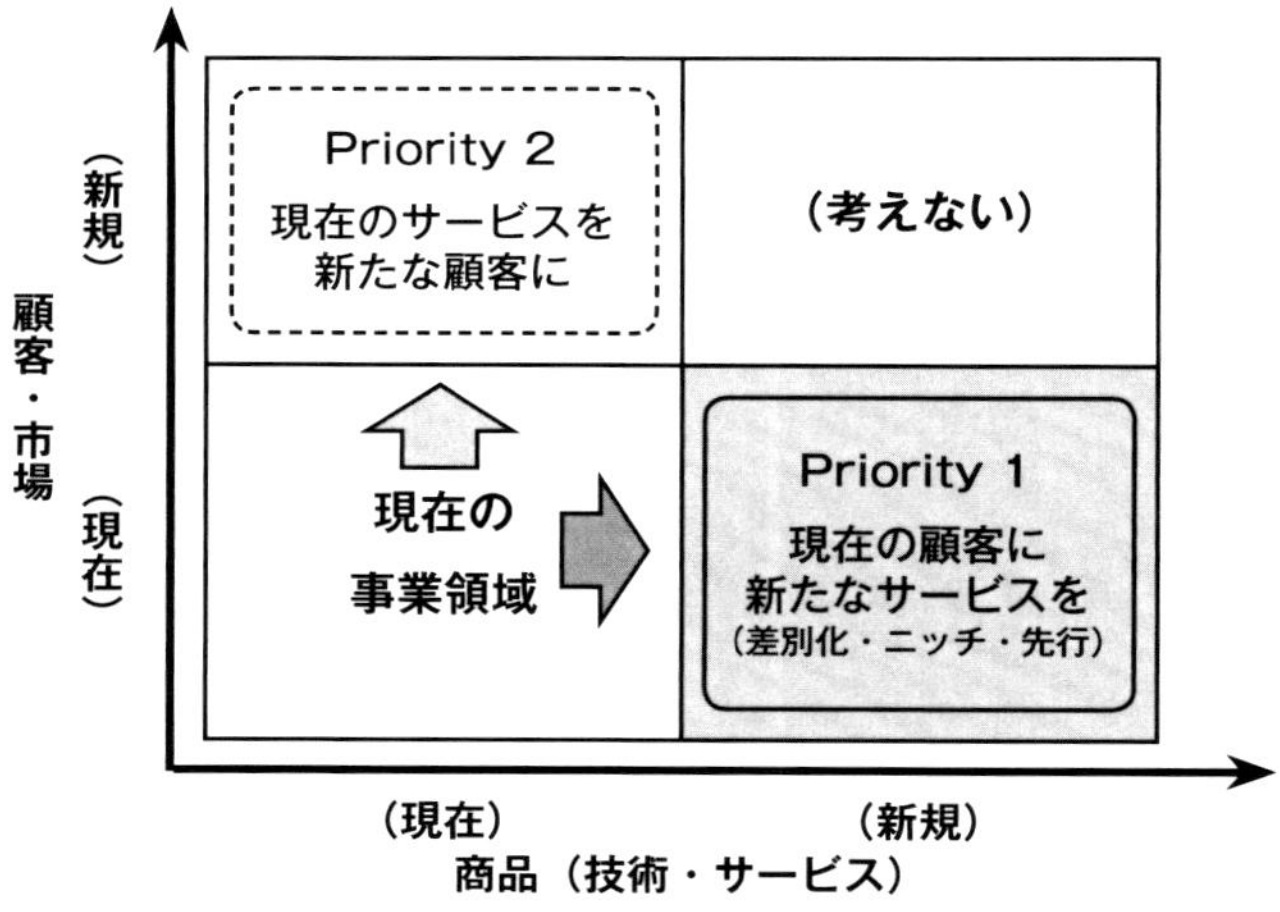

チ」、「先行」というキーワードを意識しながら新しい商品やサービスをつくっていくことが、攻め方としてはもっとも有効になります。なぜなら、「差別化」、「ニッチ」、「先行」というキーワードをもった商品やサービスは、次のステップとなる新規顧客の拡大を指向するうえで大きな武器になるからです。

図中にプライオリティ2で示している方向性は、現在もっている商品やサービスを、新しい顧客開拓をすることによって事業拡大を図ろうとすることを意味しています。しかし、誰もが提供可能な商品やサービスを、すでに調達先をもっている顧客に売り込もうとするのですから、これには無理があります。安値競争と消耗戦に突入してしまう可能性があります。しかし、これは決して不可能なことではなく、顧客側が何らかの理由で調達先を広げたいとか、品質やサービスのわずかな違いに価値を認めているような場合もあり、チャンスはゼロではないのです。現在の商品やサービスの販路拡大は事業ポートフォリオを強化することに役立ちますので、あきらめるのではなく常にチャンスを追い求めるべきです。

次が事業拡大の第二ステップです。**図「次ステップでの事業拡大（第二ステップ）」**を参照してください。第一ステップで、既存顧客に新商品を展開しようとするとき、できる限り「差別化」されたもの、また中小企業の場合は「ニッチ」市場と考えられるもの、そしてコンペチターより「先行」したもの、を意識しながら商品化に取り組むことが必要です。そのすべてが満たされなくとも少なくとも一つは満足されるように商品化していくことが肝要です。そして、それがひとつの確立された商品、事業となったとき、**図「次ステップでの事業拡大（第二ステップ）」**に示されるように、その商品・事業はあたらしいアンゾフの成長ベクトルのなかでは、既存の商品、既存の顧客のドメインに位置付けられます。この段階となると、企業にとっては絶好のチャンス到来といえます。企業はギアをあげて、新しい市場、新しい顧客への扉を開くために全力で市場開拓に取り組むべきです。これが第二ステップです。第一ステップにおいて述べた、誰もがもっている商品やサービスを新たな客を見つけて売ろうというのでなく、差別化され誰もそれを提供できない商品やサービスを売っていこうというのですから、チャンスは飛躍的に大きくなります。新たな顧客は新たなニーズを提供してくれるので、その商品やサービスはさらに深化し拡がりを持っていくチャンスにめぐりあえることになります。このように、既存顧客→新商品（差別化）→新規顧客→（新規顧客への）新商品、というようにスパイラルアップの形で事業拡大をすすめていくことができます。

次ステップでの事業拡大（第二ステップ）
ー確立した商品・技術を新市場に展開ー

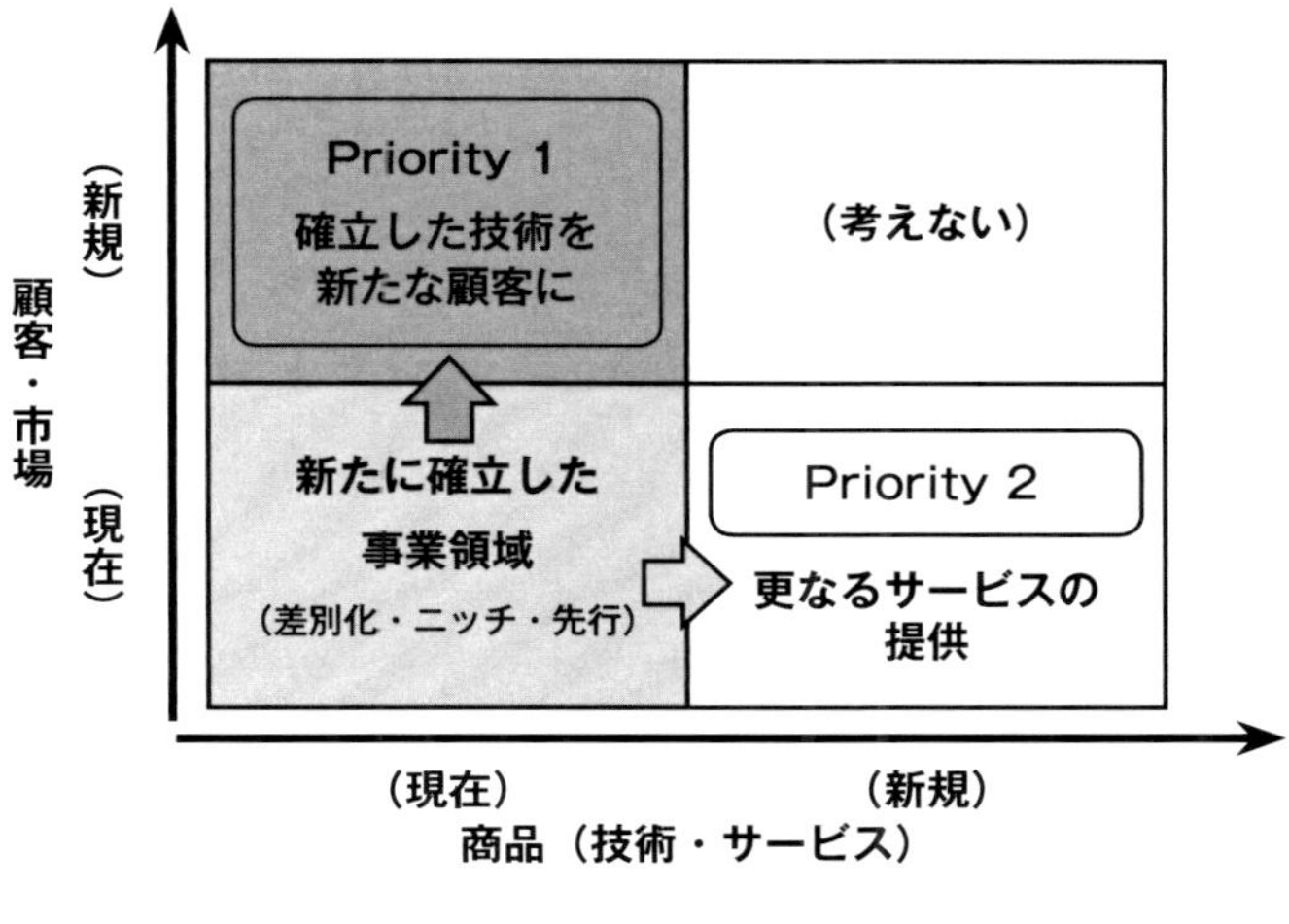

泥臭く対応のなかに新規の芽

少し具体性のある話とするために、私が経営に携わったＳ社を例に事業拡大を見てみます。既存事業の縮小に対応した事業転換の要素も含まれているので、必ずしも格好よく拡大と呼べない部分もありますが容赦願いたいと思います。Ｓ社は、昭和58年に大手鉄鋼会社のエンジニアリング部門の機械設計図面を作図する３つの会社が合併することにより設立されました。それぞれの会社の持っていた多角化の芽を引き継ぐ形で会社が形成され、事業の核としての大規模プラントの機械設計図面の作成する設計事業、産業機械を設計製作するエンジニアリング事業、コンピュータで技術問題を解析するＣＡＥ事業、機械設計の素養をもつエンジニアの派遣を業とする技術協力事業、そしてプラントや技術分野を得意とする翻訳・通訳事業の５つの事業領域から成り立っていました。

それらの事業の中から生まれてきたのがレーザー計測・解析事業です。それまでに、製鉄所の保全部門に対して、技術協力という形で技術者を派遣したり、保全のための図面を作図することで製鉄所のなかの仕事をはじめていました。そのなかで図にあるような、石炭や鉄鋼石をヤードから取り出し移送するアンローダー、リクレーマーと呼ばれ

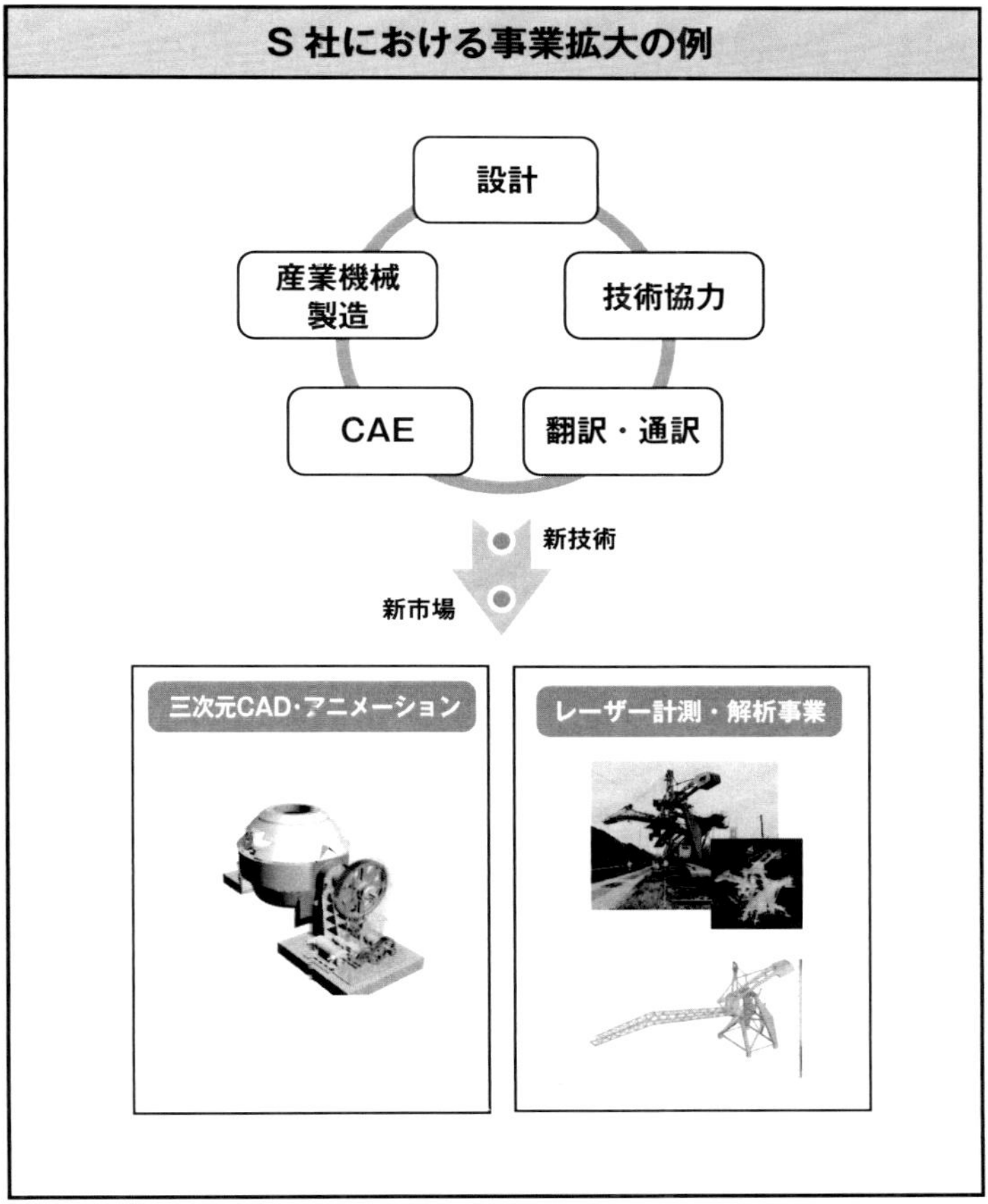
S 社における事業拡大の例
設計
技術協力
翻訳・通訳
CAE
産業機械製造
新技術
新市場
三次元CAD･アニメーション
レーザー計測・解析事業

る巨大な原料移動機の老朽化問題に直面することになりました。これらは長さ、高さともに数十ｍもある機械ですが数十年も使われ各部に腐食や錆が発生していました。それらのアンローダー、リクレーマーが腐食などの進行とともに破壊するという事故が国内の製鉄所で頻繁に起こるようになりました。そこで出てきたニーズがこの巨大設備の構造を図面化し、その強度と寿命を評価するというものでした。これらのニーズに応える形で、レーザー測定器を用いて実物の形を知り、それを図面化し、さらに得意とするＣＡＥ（コンピュータを用いた強度解析技術）で評価する技術をつくりあげました。これがレーザー計測・解析技術の事業化の始まりです。

これは、現在の顧客のなかで新しい技術を展開するという、先述の「事業拡大の第一ステップ」の考え方に沿うものです。それと同時に、新しい技術・サービスを展開するうえで、「差別化」の要素をもったものでした。それは、単にレーザーを用いた計測だけではなく、計測されたデータを図面化し、さらにコンピュータによる強度解析までおこなうといった他社では提供の困難なサービスとなったからです。さらにこのような領域は常に拡がっている市場ではなく、また手間暇がかかるため競合者があらわれにくい「ニッチ」市場でした。そして、誰も手をつけないうちに自前レーザーの購入、専門家の育成、ソフトの充実など「先行」し続けるための手をうちました。

ここで、言いたいのは、このレーザー計測・解析技術は、頭の中で考えてはじまったものではない、ということです。まさに泥臭く顧客のニーズに向き合ってその実現に努力するなかで生まれました。研究開発部門の充実した大企業やはじめから事業の芽をもつベンチャーと異なり、中小企業にとっての新しい事業の芽は、泥臭く客先ニーズに応える努力のなかから生まれるものだと思います。

S社において一定の事業領域となった、レーザー計測・解析事業はいよいよ新規顧客や新市場を求める第二ステップに入ります。**「S社の確立した新技術を新市場に展開（レーザー事業：第二ステップ）」の図**を参照してください。S社は、この技術を化学プラントに適用していきました。さらには、製鉄プラントや原子力プラントなどの建設工事での活用も応用展開しています。また、海外における石油基地の3次元レイアウト作成にも適用されました。この第二ステップにおいては、商品、サービスの進化という観点からも新商品軸においては、図に示されているように温度測定機能など新たなサービスの付加が模索されています。

S 社における既存顧客への新サービスの提供
（レーザー事業：第一ステップ）

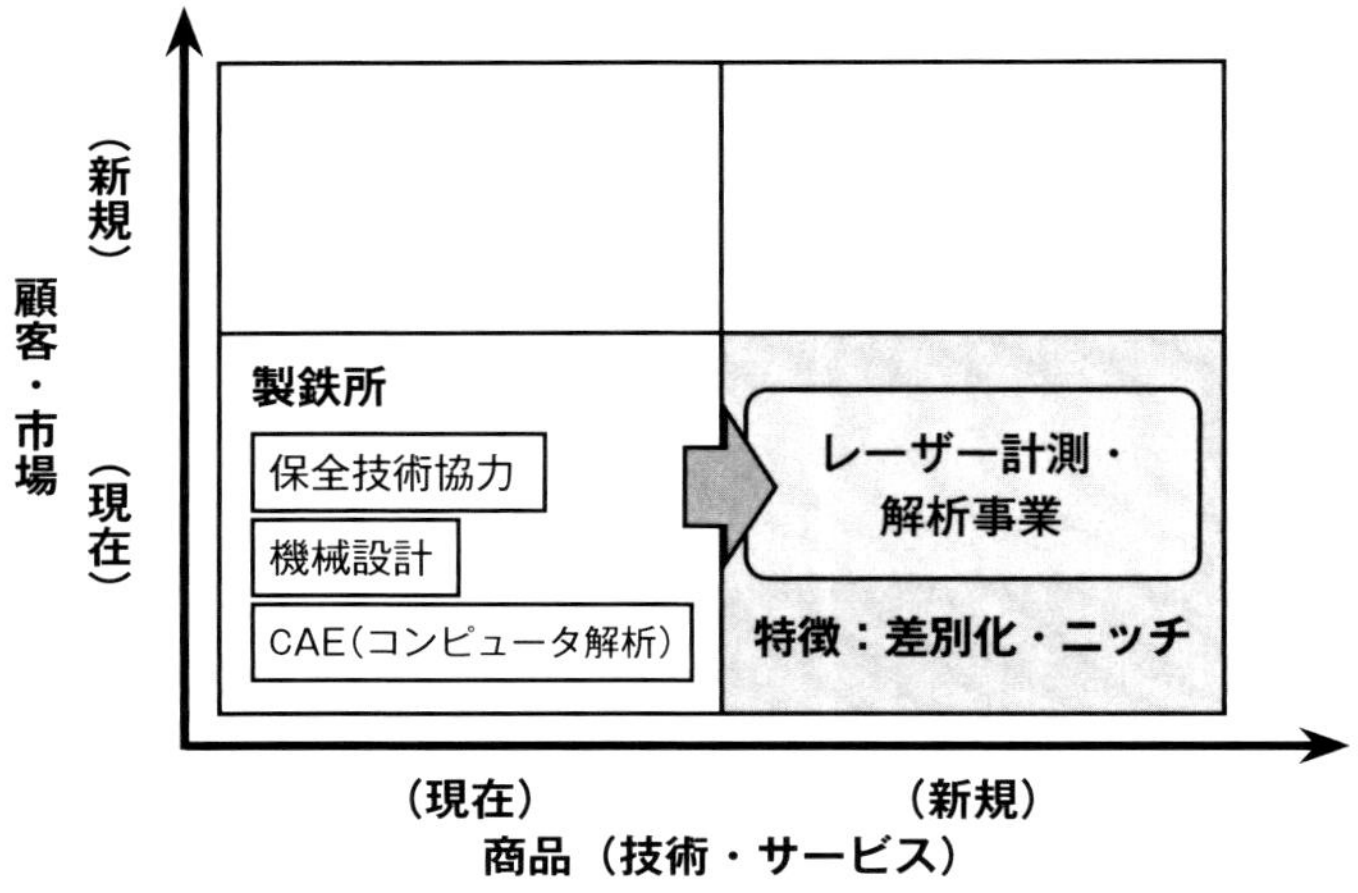

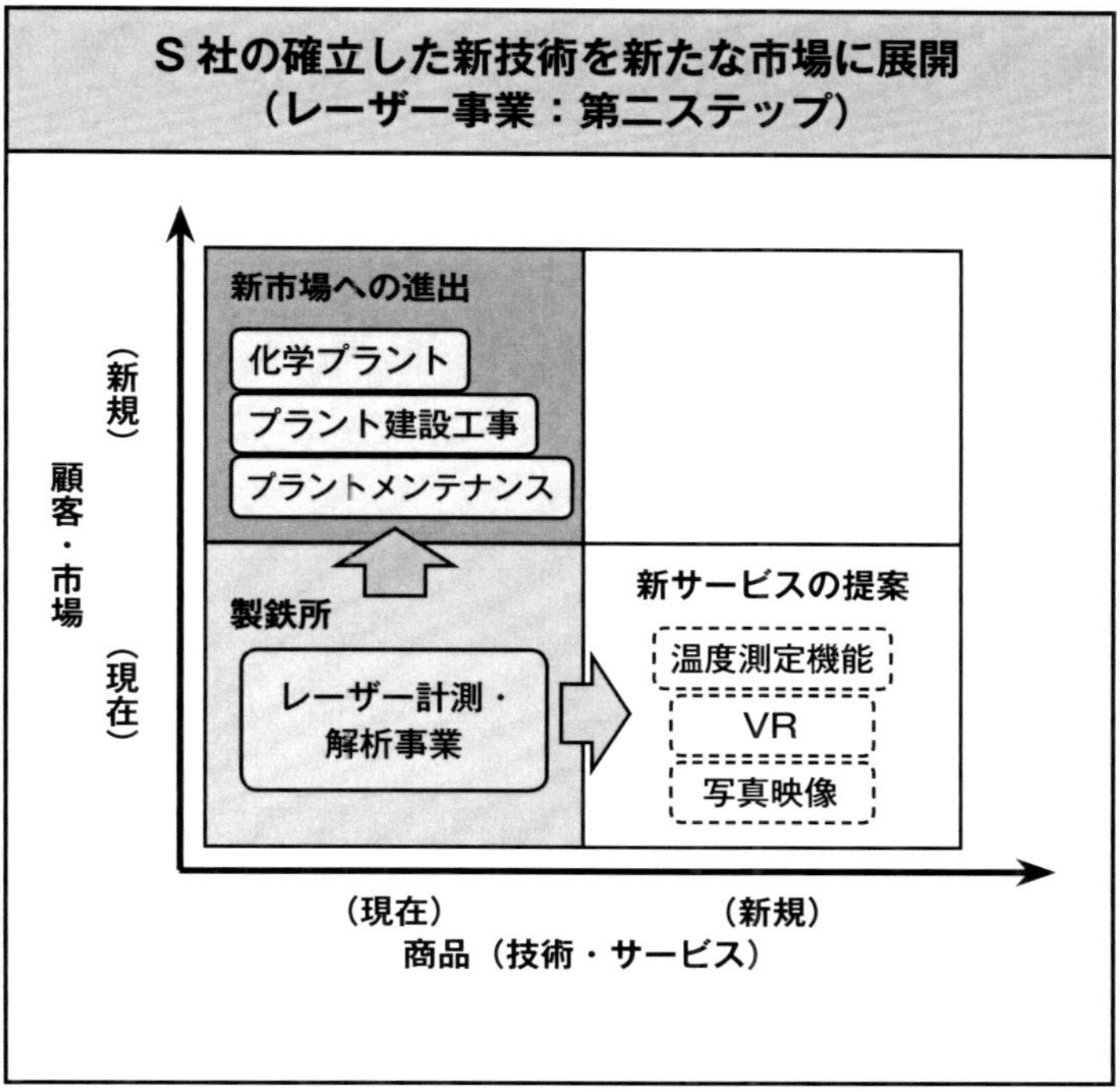
S 社の確立した新技術を新たな市場に展開
（レーザー事業：第二ステップ）
顧客・市場
（新規）
（現在）
新市場への進出
化学プラント
プラント建設工事
プラントメンテナンス
製鉄所
レーザー計測・解析事業
新サービスの提案
温度測定機能
VR
写真映像
（現在）
（新規）
商品（技術・サービス）

S社のもう一つの例は、**図「S社における既存顧客への新サービスの提供」**のようにプラント事業を行う大手エンジニアリング会社の設計図面の作成を業としていましたが、新しいサービスとして3次元CAD図面の作成やその3次元CAD図面を用いたアニメーション作成というサービスを始めました。これが、既存の顧客に対して新しい商品、サービスを提供することによって事業拡大を図ろうとする事業拡大の第一ステップにあたります。

そして、三次元CAD事業が事業として定着し技術的にも確立すると、その技術を新しい市場へ展開することを考えます。それを、**図「S社の確立した技術を新たな市場に展開」**で示しています。新しい市場としての工事管理や営業用のプレゼンツール、さらには他のソフトと組み合わせて大規模プラントの工場シミュレーション・管理ツールへと展開されました。技術面においてもVR（バーチャルリアリティ）への発展やエクセルとの融合などへ発展しつつあります。

このように、事業ドメインを新技術→新市場→新技術と展開していくことが有効です。そして、それらの新技術は泥臭く客先のニーズに応えていくことから生まれていくことが多いことも肝に銘じておくべきです。

S 社における既存顧客への新サービスの提供
（三次元 CAD 事業：第一ステップ）

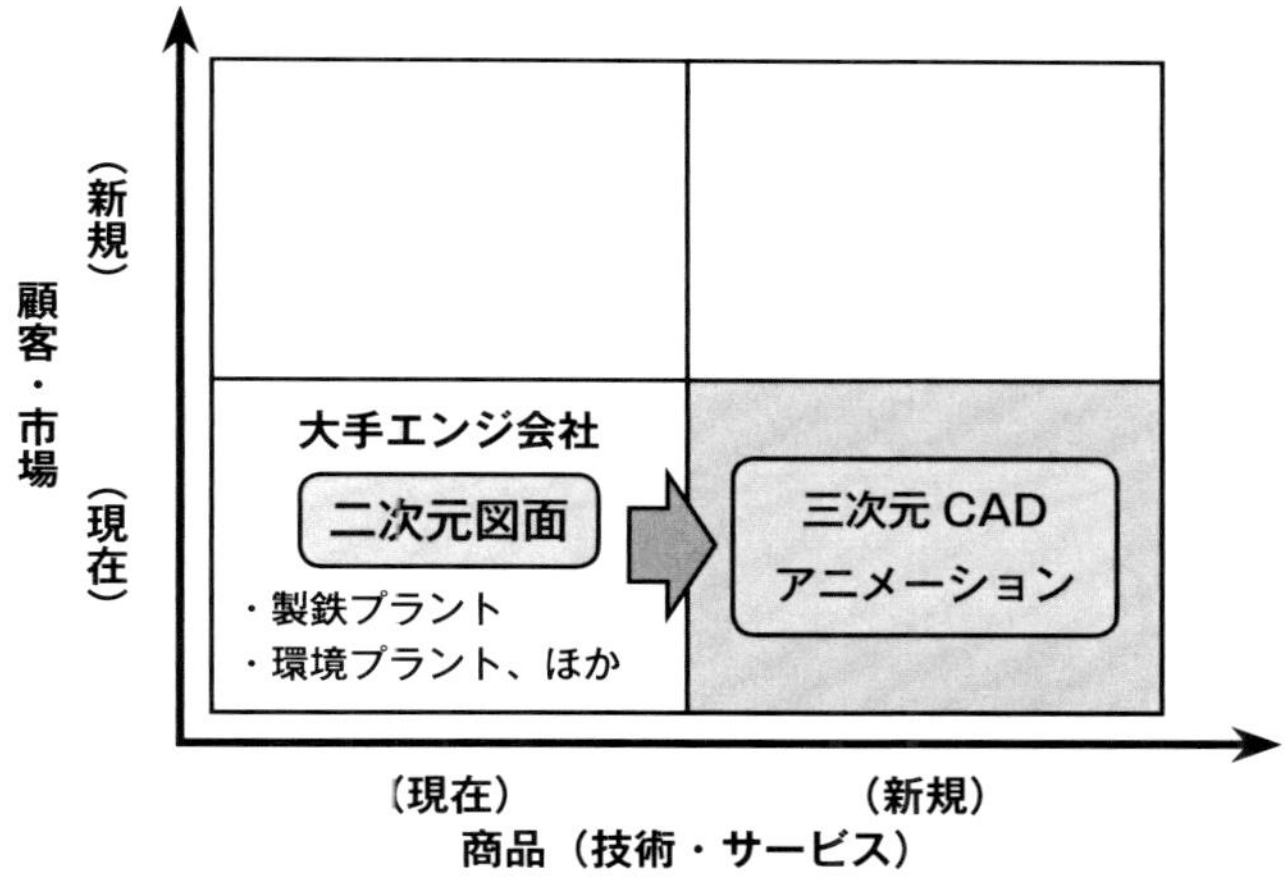

S社の確立した新技術を新たな市場に展開
（三次元CAD事業：第二ステップ）

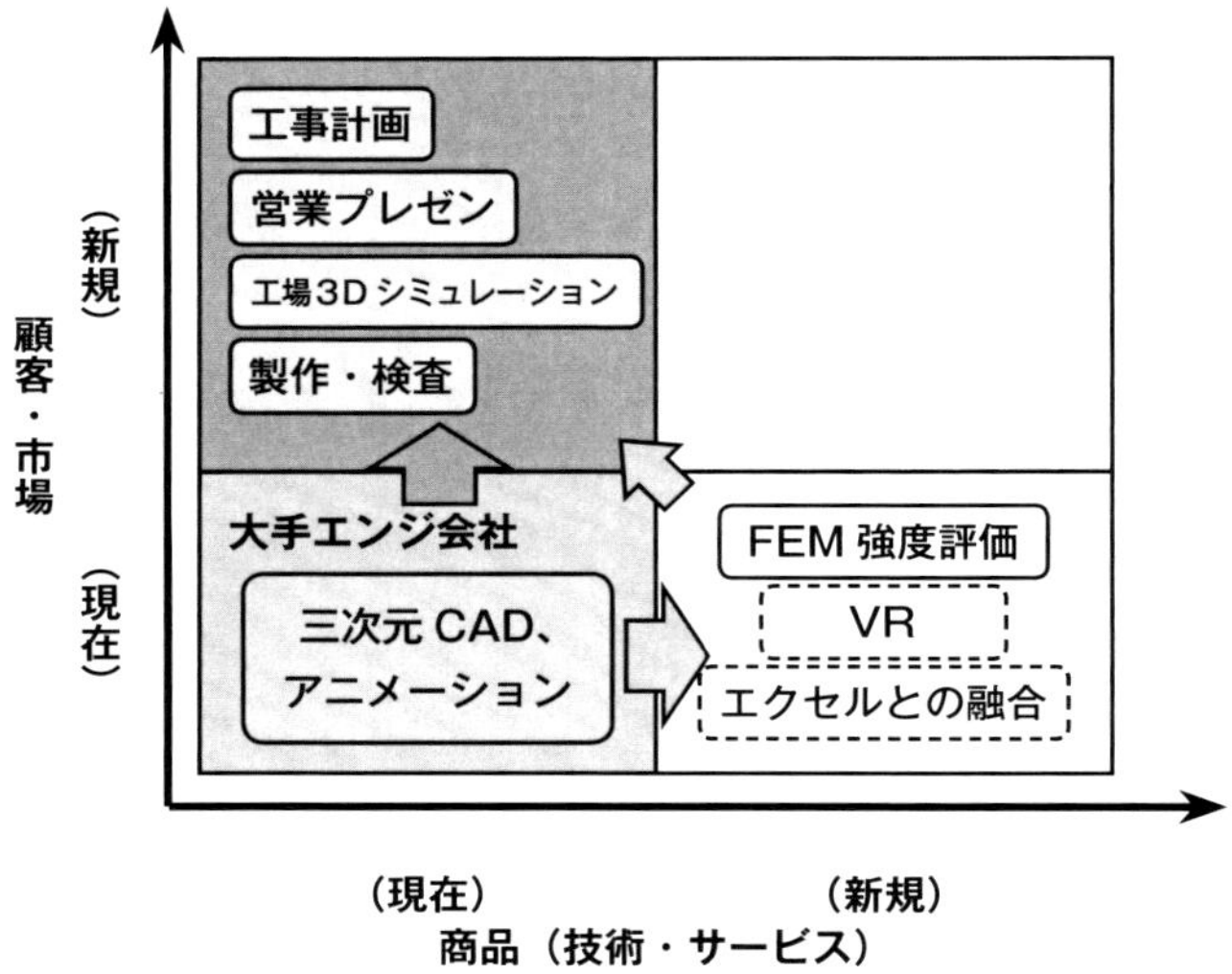

シナジー効果の追求と基盤技術の活用

新規事業に取り組もうとするとき、その領域の妥当性や勝算を考えなければなりません。その際、必要な視点のひとつが、シナジー効果があるかということです。シナジー効果というのは、相乗効果の意味で、それが付け加わったことにより既存の事業をさらに拡大するチャンスが生じることをいいます。まったく無関係な事業を始めると1＋1＝2ということですが、シナジー効果の期待できる新規事業であれば、既存事業をさらに拡大することが期待できます。たとえば、新しい事業の開始によって既存事業において新たな顧客への参入チャンスが増える、あるいは新しい技術の付加によって競合状態から抜け出すことができて競争優位なポジションを得られる、あるいは組み合わせにより既存事業における新たな事業が創出される、などの効果です。事業を始めるとき、あるいは推進しながら常にシナジー効果を考えて取り組んでいくことが必要です。

一方で、新しい事業は、共通基盤技術や共有する企業理念のプラットホームのうえに成り立っているかどうかの検証も必要です。新しいことに取り組むことになったとしても、そこに投入できるのは既存領域で育った人材です。また、新しい領域における課題

新規事業とシナジー効果

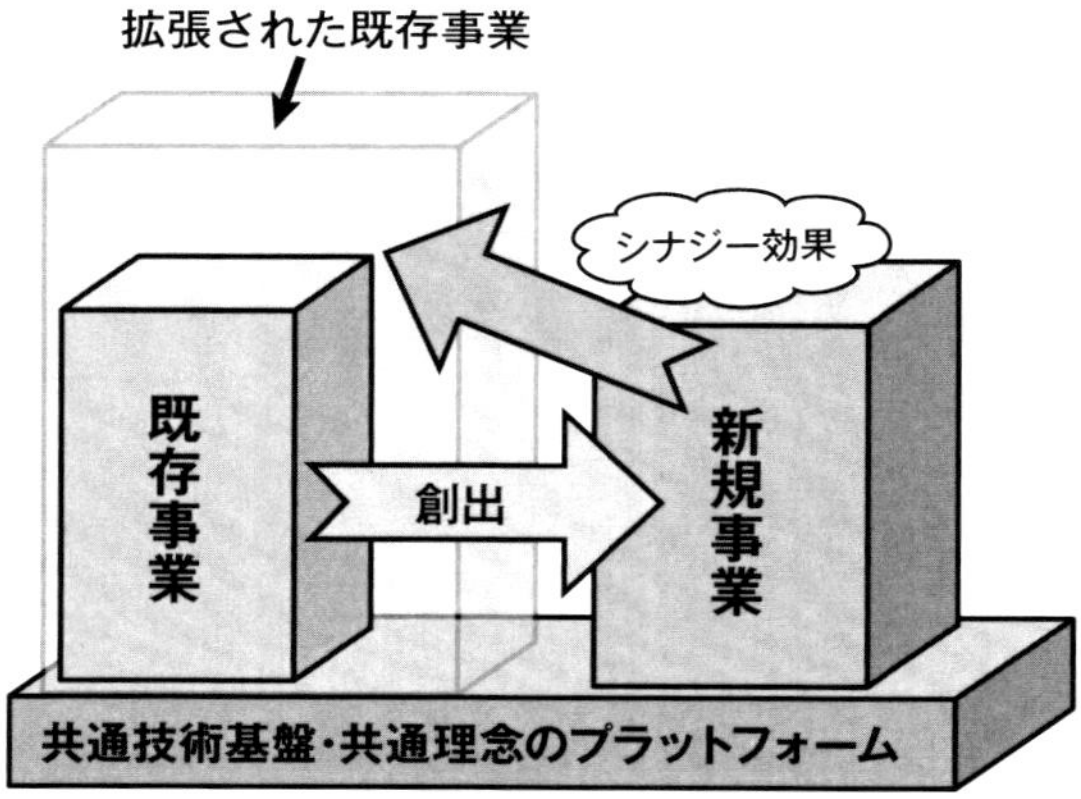

を解決していく上でも、共通する技術の活用や既存領域での経験がものをいうことが多いことは容易に推測できます。したがって、新しくチャレンジする事業は基盤技術や企業理念を共有しているほうがずっと勝算が高くなります。このことは、不幸にして新規事業が失敗してしまった場合にも生かすことができます。そこに投入した人材は、基盤技術や理念を共有していますから、既存事業に戻っても別の経験をしてきた貴重な人材として生かしていくことができるからです。

身の丈にあった攻め方を

新しい事業を手に入れたい場合、手っ取り早くＭ＆Ａというのが今流のやり方になっています。いくつかの大企業は、大きなスケールでＭ＆Ａをおこない事業ポートフォリオの構築をすすめています。日本電産やＬＩＸＩＬ、ソフトバンクなどアグレッシブな大企業は枚挙に暇がありません。Ｍ＆Ａではなくても大企業の場合は、研究開発への大きな資源投入、技術導入、外部からの技術者のリクルートなどあらゆる手段で目的の達成に向けて取り組みます。

ところが、中小企業にとっての事業拡大というのはそういう訳にはいきません。投入できる人的資源、資金に限界があります。また、財務基盤がぜい弱なため、身の丈を超える資源の投入は経営に致命的な影響をあたえることになります。したがって、ひとつの事業に命運をかけ、莫大な資源を投入して、一か八かの経営をすることは中小企業には不向きです。中小企業は、足元の成果を確認しながら、コツコツと地道に事業化を推進していくのが適切です。

大企業においても、その規模こそ違え、過剰で偏った資源の投入は、会社の存立すら脅かすような結果をもたらすことがあります。液晶に走りすぎたシャープ、原子力への過剰な投資をしてきた東芝などがその例です。中小企業は、コツコツと堅実に事業化をすすめねばならないのですが、唯一の強みがあります。意思決定の仕組みが簡潔で、社長がその事業を継続すべきだと判断すれば、コツコツとはいえ事業化の推進を息長く継続することができるということです。また、社長がストップすべきだと考えればいつでも撤退することができます。

若い世代の感覚と能力を活用

山本五十六の残した有名な言葉に、「やってみせ　言って聞かせて　させてみて　誉めてやらねば　人は動かじ」というのがあります。この多くの人が引用する名言のなかで、少しひっかかるところは、冒頭の「やってみせ」という部分です。「させてみて誉めてやらねば　人は動かじ」という部分は納得なのですが、「やってみせ」ということは、自らできる程度のことを部下に要求しているということであって、どうも自分のできることが最高である、と言っているように聞こえるからです。

職人の世界などではそのようなことは言えるかもしれません。しかし、技術や環境が急速に変化していくなかで、社長が社内で一番能力があるというような企業が通用するでしょうか？　会社を次に発展させる原動力は、社長のもたない新しい情報とスキルをもつ若い世代であると思います。自分のもたない能力をもつ人材を発見し、思い切りその能力を発揮させることが、会社がさらに変化を遂げ発展させるために必要です。

もちろん、経験からのアドバイスをしたり、経営上の観点からガイドラインを明確にしなければならないこともあるかもしれません。しかし、基本は若い世代の持つ新しい感覚と能力を信じて活用していくことです。事業拡大のセオリーのひとつは、若い世代の感覚と能力の活用です。

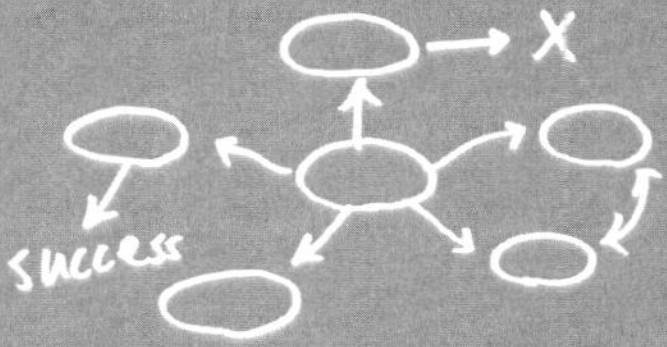

第4章
コンプライアンスと事業承継

ここまで、良いバランスシートをつくっていく目的とメリットを第1章で、現状のバランスシートの見直しについて第2章で、そして良いバランスシートをつくっていくための最も基礎となるよいＰＬ（損益計算書）を積み重ねていくための経営について第3章で述べてきました。この章では、少し異質になりますが、着実にすすめてきたこれらの企業活動を一瞬にして台無しにしてしまうコンプライアンス（法令順守）の問題と、自らつくりあげてきた良いバランスシートをもった企業を、永続的に存続させるための事業承継の問題をとりあげたいと思います。

4・1 中小企業のコンプライアンス

大企業と中小企業にとってのコンプライアンス問題の違い

会社法で規定される大会社（資本金5億円以上もしくは負債200億円以上）を大企業とすると、大企業と中小企業ではコンプライアンスに対する要求が二つの点で異なります。

まず、大企業に対しては、会社法で内部統制システムの整備が義務付けられています。この内部統制システムの重要な柱のひとつがコンプライアンス体制で、会社の業務の適正を確保するための体制の構築が要求されています。またもうひとつは、大企業は一般的には株式を上場しているのに対して、多くの中小企業は定款で株式譲渡制限を定めており、一般投資家との関わりに関連する法的な規制の枠外になっているということです。

コンプライアンスの問題は、企業を取り巻くステークホルダーとの関わりで見てみるとわかりやすくなります。**図「中小企業にとってのコンプライアンス」**は、消費者（顧客）、一般株主、競合者、社会を代表とするという意味での公的機関、従業員、下請企業の相関とそれらを規制する代表的な法令を図示しています。大企業では、上場しているが故に金融商品取引法やエンドユーザーと直接的に関わることが多いために、ＰＬ法や消費者保護法の遵守が求められます。また、談合や寡占化に対する社会的影響が大きいために独占禁止法を念頭に置いた企業活動が求められます。さらには、海外展開が活発な企業では外国法や海外役人へのワイロ、国内では政治家との関係において政治資

中小企業にとってのコンプライアンス

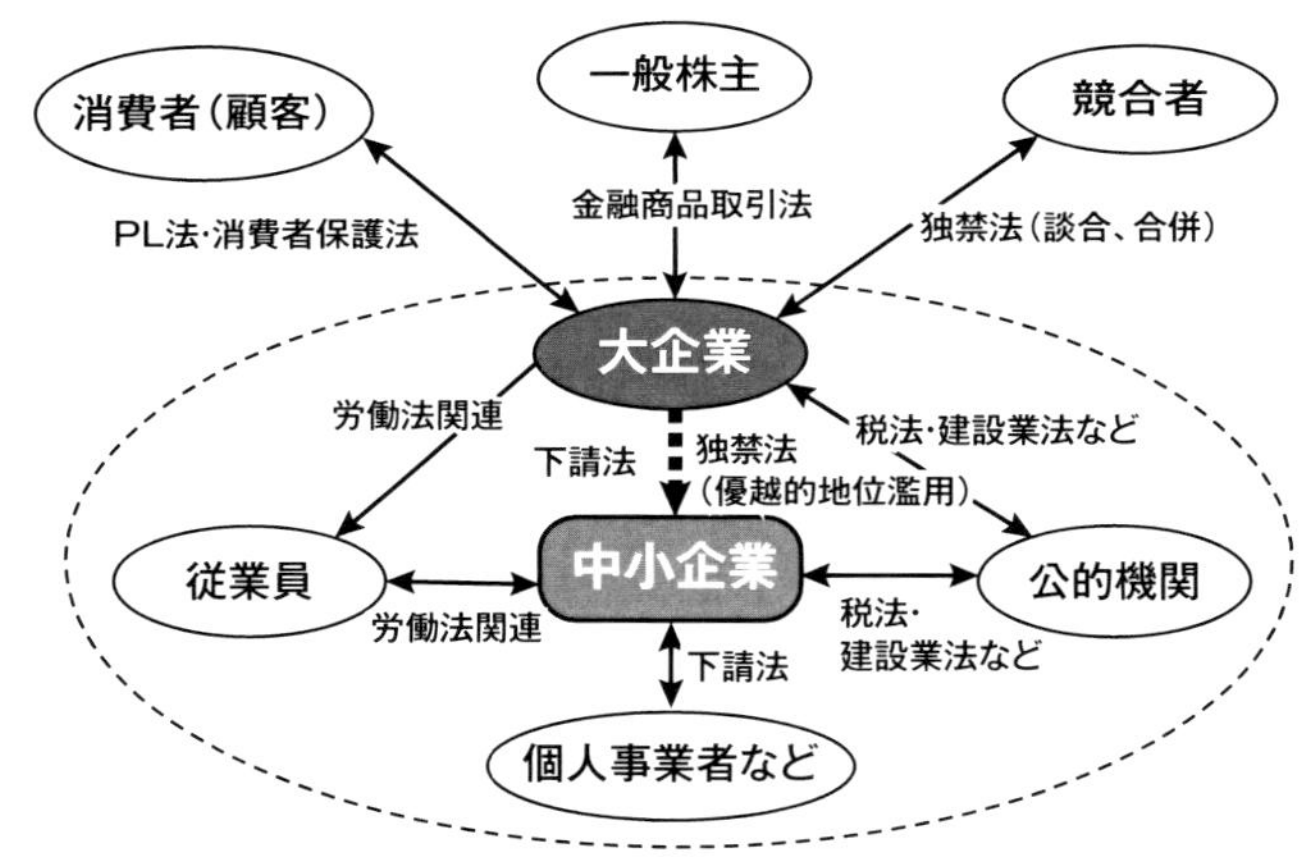

表　主なコンプライアンス違反の内容と中小企業のケース

法令	コンプライアンス違反の主な内容	中小企業において想定される違反
会社法関連	特別背任罪、利益供与罪、違法配当、粉飾決算	（少ない）
金融商品取引法	インサイダー取引、粉飾決算	（ない）
ワイロと政治献金	賄賂罪、外国公務員への賄賂、政治資金規正法違反	（少ない）
ＰＬ法・消費者保護法	安全性などの欠陥責任、説明義務違反など	（少ない）
独占禁止法	・私的独占（合併など）、不当取引制限（談合） ・不公平な取引方法（優越的地位の濫用など）	被害者：優越的地位の濫用
下請法	代金支払いの遅延など	加害者：代金支払い遅延、消費税未払い 被害者：代金支払い遅延
労働法関連	残業などの労働時間・賃金の支払い、セクハラ、男女雇用近海均等法、労働者の安全・衛生の確保	残業代の未払い、労働時間の管理、下請け工事などにおける安全衛生体制の不備
税法関連	経費の水増し、仮想隠ぺいによる申告、使途不明金など	経費の水増し、個人経費の計上などの脱税
知的財産権	特許などの知的財産権の無断使用コンピュータソフトの違法コピー	ソフトの違法コピー
情報管理と個人情報	営業秘密などの情報漏えい、自社で保有する顧客情報の漏えい、個人ナンバーの漏えい、など	客先情報・知的資産の漏えい個人ナンバーなど個人情報管理
外国法	違反による外国市場からの追放、訴訟およびリーガルコストなど	（少ない）
対象事業の関連法令（建業法、食品衛生法など）	社会問題、内部告発などで浮上	業種に応じた法令で規定される義務の不履行

金規正法も遵守しなければなりません。

中小企業におけるコンプライアンス問題は、従業員の雇用に関連して起こる労働基準法違反など労働法にかかわる問題、費用の過大計上、不適切な費用計上による脱税など税法にかかわる問題、それぞれの業種に固有の許認可にかかわる問題が中心になります。

法令違反は2種類

法令違反には、大別して2種類あります。法令に違反するということを知っていて法を犯す場合と、法令に反することを知らず違反を犯してしまう場合です。

法令に違反することを知っていながら違反行為をする場合の理由は様々です。見つからなければよい、皆がやっているから、会社のためだから、面倒くさくて仕事にならないから、などです。これらの法令違反は論外です。法令に違反をすることを認識して違反を犯す、いわば確信犯ですから法令に決められた罰則をうけるのは当然ということになります。処分は世の中の知るところとなるかどうかはケースバイケースですが経営者として失格であると認識すべきです。

もうひとつは、法令に違反していることを知らずに違反をしてしまい、違反の事実を監督官庁から指摘される場合です。これは、無知や勉強不足による違反といえます。大企業のように力のある法務部門や財務部門をかかえることはできませんので、多岐にわたり、また年々改正される法令を細部にわたって認識することが困難です。また、大企業と異なり内部統制システムの構築が義務付けられていないことから、トップや総務、経理部門が認識していても、全従業員への浸透のための教育や連絡が不十分なために引き起こされることもあります。このように十分な知識なしに違反してしまった場合は、認識が不十分であった法令と向き合い、事実を確認して是正することが必要です。無知であったわけですから、真摯に反省し再発防止のための方策を講じなければなりません。ただ、関係官庁からの調査や指摘に対して、事実認識、法令解釈などに疑義がある場合は、はっきりとそのことを主張していくことが必要です。行政処分に関わる問題の場合は常時弁護士を抱えているわけではありませんから、関係省庁に対して、自らが主張すべきは主張するという姿勢を貫くことが肝要です。

コンプライアンス問題の被害者としての中小企業

コンプライアンスは、一般的には、会社が企業活動の過程で法令を理解し、それに違反することがないようにするということです。しかし、中小企業にとってのコンプライアンス問題にはもうひとつの側面があります。それは、取引先との関係において、法令違反を受ける側になることがある、ということです。

中小とはいえ独立した事業を行っている場合は問題ないのですが、多くの中小企業は大企業から仕事を請け負うことが多くなっています。仕事をもらっているという関係から、受注をする段階から、仕事を完了し代金を回収するまで弱い立場にあります。その間、不当であったり、理不尽な扱いを受けることも多くあります。これらの取引上の弱者を保護するための法律として独占禁止法とその特別法として下請法（下請代金支払遅延等防止法）があります。

独占禁止法では、不公正な取引方法として、「自己の取引上の地位が相手方に優越していることを利用して、不当に自己のために金銭、役務、その他の経済上の利益を提供させること」と定義し、それを禁じています。また、優越的地位の濫用として、「取引の相手方役員の選任について自己の指示に従わせたり、承認をうけさせること」も同様に禁じています。

下請法は、その対象となる取引関係を資本金の大きさで定義しています。資本金が3億円超の会社が3億円以下の会社に対して行う取引、資本金3億円以下1千万円超の会社が1千万円以内の会社に対して行う取引が対象です（情報成果物、役務提供の場合は、「3億円」が「5千万円」）。下請法では、書面の交付、支払期日を定めること、などの義務を課すとともに、禁止事項を定めています。主な禁止事項は、支払代

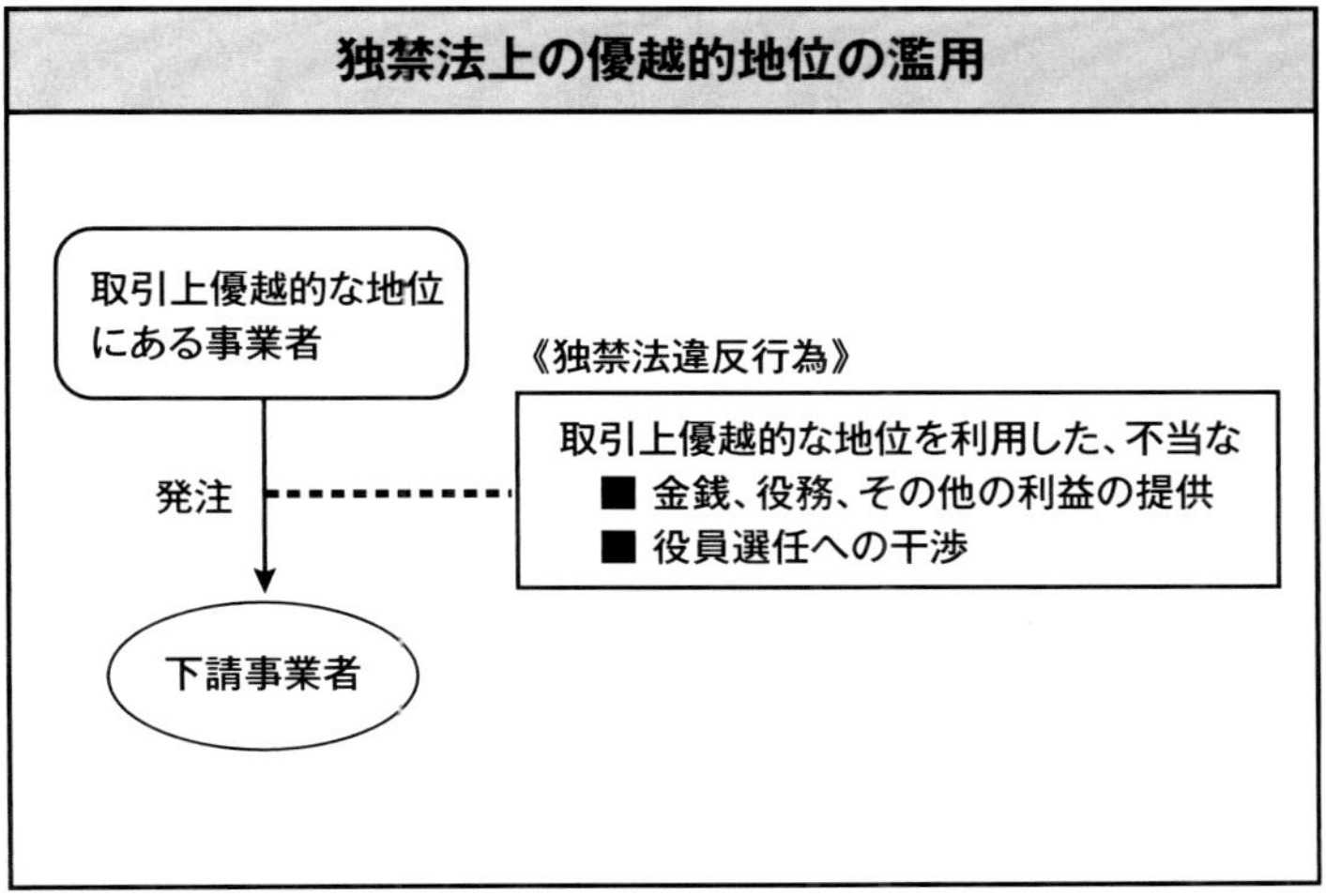

金の遅延、支払代金の減額、受領拒否や返品の禁止、などです。

違反の事実があった場合、これらを取り締まる官庁は公正取引委員会と中小企業庁ですが、訴えがない限り、違反の調査や罰則の適用ができないという現実があります。弱い立場のものを保護するためにできた法律にもかかわらず、現実に優越的地位の濫用や、下請法で禁じている支払代金の遅延、減額などがおこなわれていても、弱い立場であるが故に訴えを起こすことはできず、違反事実の把握さえできないというのが実情です。中小企業の側は、不当だと考えても当然に客先を訴えるなどできないということと、法令に関する理解ができていないということをあわせると、ほぼすべての問題が現実には表面には出てきていないように思います。中小企業の経営者にとっては、個別の取引の上での不利益が解消されても将来の取引をなくしかねない行動をとることは難しいのが現実です。ただ、被害を受ける可能性があるという認識にたって法令を理解しておく必要があります。客先との交渉の際に法令の規定を指摘することもあるでしょうし、最後の手段としての「伝家の宝刀」としてとっておくことも考えられます。

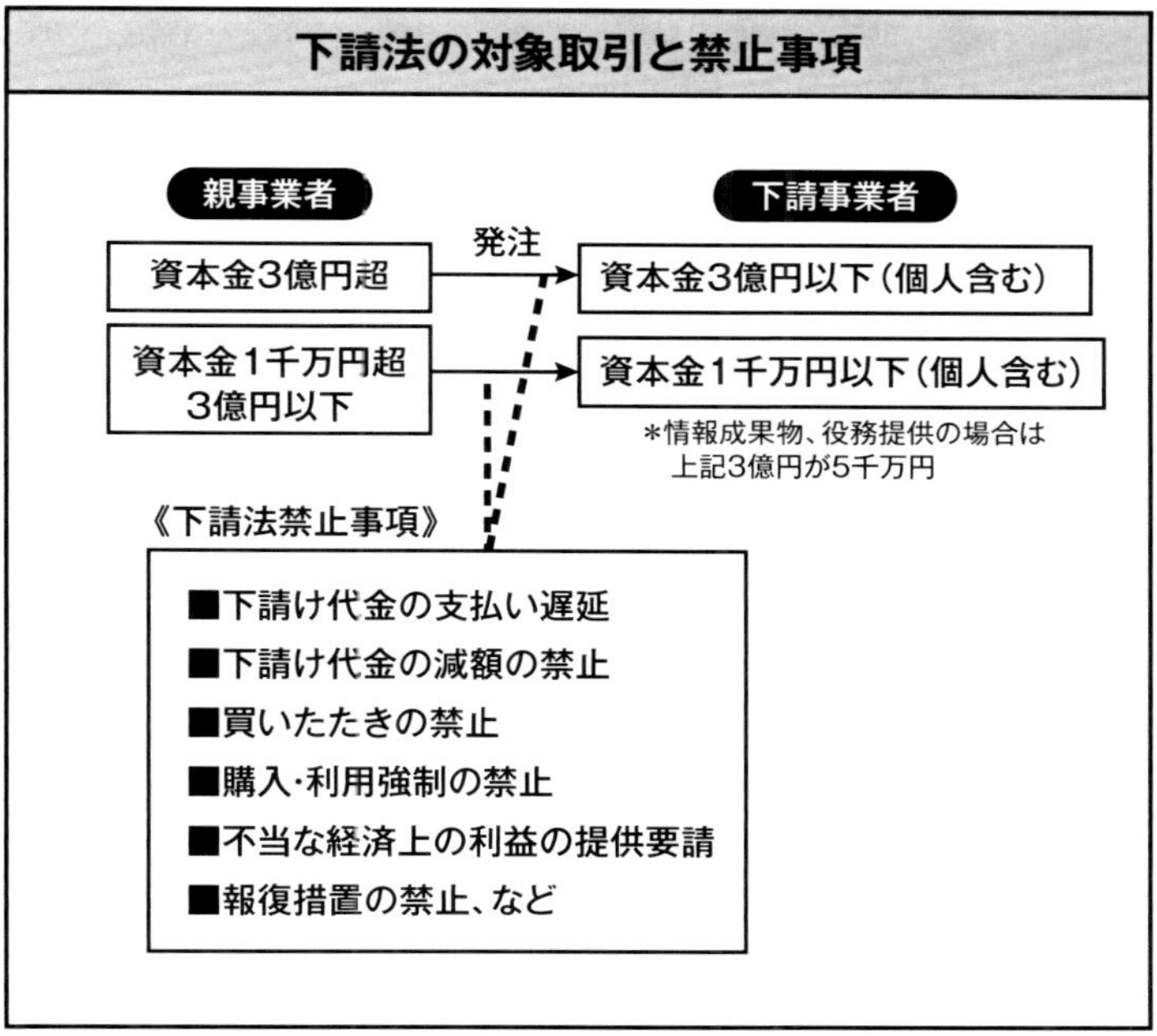
下請法の対象取引と禁止事項
親事業者
下請事業者
発注
資本金3億円超
資本金3億円以下（個人含む）
資本金1千万円超
3億円以下
資本金1千万円以下（個人含む）
＊情報成果物、役務提供の場合は
上記3億円が5千万円
《下請法禁止事項》
■下請け代金の支払い遅延
■下請け代金の減額の禁止
■買いたたきの禁止
■購入･利用強制の禁止
■不当な経済上の利益の提供要請
■報復措置の禁止、など

中小企業にとってもっとも怖いコンプライアンス問題とは？

法令を遵守することは、企業として当たり前のことであり、やってはならないことを知りつつ違反するということは論外であることは前に述べました。無知や不勉強、対策不足のために起こるコンプライアンス問題については、それとまともに向き合って再発を防止していけばよいのですが、違反がもたらす経営への影響には事案によって大きな差があるように思います。

大企業の場合は、もっとも大きな影響をもつものはマスコミ沙汰になるような事案です。一般株主が被害者となる、東芝やオリンパスなどの粉飾決算、一般消費者が被害者となる食品偽装問題や旭化成建材の杭うち偽装、競合者との関係において起こる震災復興道路工事の談合などです。要は、大企業にとってのもっとも怖いコンプライアンス問題とは、新聞、テレビなどのマスコミや経済誌のコラムということになります。

では、中小企業にとってもっとも大きな影響をもつコンプライアンス問題とは何でしょうか？　マスコミは、刑事犯罪や多数の被害者が出るような違反でもない限り、中小企業のコンプライアンス問題には関心がありません。また、公的な機関が監視や規制をする、税務問題、労働問題、業種に関わる法令問題なども、意図的に違反をしていたのでない限り、是正と再発防止策を講じることによって経営に致命的な影響を及ぼすことはありません。

中小企業にとって、致命的な影響をもつコンプライアンス問題とは、発注元である大企業に被害を与える性格をもつ事案です。ひらたく言えば、「お出入り禁止」というような事態を招くような問題です。このリスクがもっとも高いと考えられるのが、技術情報や営業情報の漏えいと知的財産の流用・流出です。発注する側は、当然に情報が管理され、第三者に流出することはないと信じているわけですから、その信頼が裏切られた時の影響は甚大です。とくに、近年は膨大な情報をちっぽけなフラッシュメモリーに詰め込むことが可能となっています。パソコンの管理の不備や従業員がメモリーを持ち出すことによっても起こります。また、退職する社員が様々な情報を意図的に持ち出してしまうケースもあります。ＩＴ化がすすんだ時代では中小企業とはいえ、顧客から預かった重要な情報を使用して仕事をおこなう場合は、システム上も運用上も情報管理を徹底する必要があります。また、発注元との守秘義務契約や社員との雇用契約、退職時の誓約書などアナログ的な対策も重要です。

もうひとつ、「お出入り禁止」という事態を招くリスクがあるのは、発注元である大企業が元請けとして業種ごとに適用される法令の規制を受けており、当然に発注先である中小企業もその遵守が予定されているにも関わらず、その法令の遵守を怠った場合です。たとえば、建設工事の安全管理体制などがこれに該当します。労働安全衛生法が要求する体制や資格が満たされておらず、その状況下で重大災害が起こった場合は、元請けに大きな責任がかかってきます。元請けである大企業は、管理体制が不備で問題を起こす会社に二度と発注したいと思わないでしょう。

下請けが法令違反を起こしたために元請けが責任を問われたり、迷惑を被る例は枚挙にいとまがありません。中小ではありませんが「旭化成建材」の杭打ちデータ偽装、産業廃棄物の「ダイコー」のマニフェスト偽装なども同様で、仕事を頼んでいた企業は二度と同じ会社に発注することはないと思います。

4・2 中小企業の事業承継

時代にそぐう経営者に衣替え

そもそも事業承継はなぜ必要で、いつしなければならないのでしょうか？

社長というものは、常に自分に自信があるのが一般的です。自分以上に経営にたけ、業界を熟知しているものはいないと考えています。そして、それは一面真理でもあります。営業においても技術においても修羅場をくぐり抜けた経験は何物にも代え難く、その経験こそが商売をしていく上での価値となったり、正しい経営判断に導くものであったりすることが多々あります。また、その一方で、自身の地位を失いたくない、せっかく築きあげた会社なのに、といった気持や、会社以外での時間の使い方や生活に不安を感じており、それが継承の決断をにぶらせる要因になっているのも事実です。

社長を交代し、次世代にバトンタッチするタイミングは、個人の能力、業界、会社の規模、後継者の有無など状況により様々です。特に社長自身がその意思を明確にし、後継者を育成しなければ、いつまでたっても継承は実現しません。多くの会社の場合、社長は大きな権限をもっていますから、大株主が社長以外にいるような場合を除いて社長自らが決める必要があるのです。上場をしている会社においてですら、80歳を過ぎて会長兼社長をしている会社もあります。確かに大きな貢献があったということは事実でしょう。経営上の失敗がなかったということも事実でしょう。しかし、それは組織が実現したものですから、自ら身を律して後進に託す潔さが必要だと思います。

時代は刻々と変わっています。後継者のもつ新しい能力と新鮮な意欲が、現社長のもつ経験と顔の広さを凌駕する時期が必ずきます。言い古された都市伝説ですが、エジプトの象形文字で描かれた壁画に「今どきの若いものは……」と書かれているという話があります。どのような時代でも、シニアは若者を頼りないと感じています。しかし、若い世代にはシニアのもたない新しい感覚があります。ＩＴの活用や導入、時代にそぐう新しい労働環境、新しいことへの挑戦意欲など若くないとできない能力が若い世代にはあります。いつまでも変わりきることのできない社長がいることは企業には迷惑かもしれません。

個体差もあるでしょうが、体力、気力、能力などの点から65歳から70歳の間には継承が完了して、次の世代の列車がレールの上を順調に走れるような道筋をつけることが経営者の責任であるように思います。必要によって、相談役、顧問のような形で残ることも一案ですが、権限を委譲し不必要な口出しをつつしむようにすべきです。

良いバランスシートをつくると承継が困難となるという矛盾

良いバランスシートをもつ会社、すなわち価値のある会社をつくりあげることは、自らの経営を楽にし、事業を承継するものにとってその選択が魅力のあるものになるということを述べてきました。しかし、一方でその会社価値が高まれば高まるほど、事業承継に伴う株式の移転のための相続税、贈与税、所得税などの税務負担が大きくなるという問題が生じてきます。そのことが折角、事業の承継を魅力のあるものにしたことと裏腹に承継そのものを困難にするという矛盾を生み出しています。価値が高まったのだから、それを取得するには税を含めてより多くの資金が必要となるのは、当たり前といえば当たり前なのですが、経営を継続するうえでの大きな課題です。ここでは、株式の移転に関する概要と、それらに対する対応の考え方、そして私自身が経営に携わった会社における事業承継問題に対する考え方と解決の方法について紹介したいと思います。移転する株式の価値については、多少複雑な話になっていますので、関心のない方には読み飛ばしていただきたいと思います。そして、「良いバランスシートを指向するオーナー社長の３つの選択肢」の項にすすんでいただきたいと思います。

取引相場のない株式の評価

事業承継の問題には、経営権、財産権の問題などがあり、小さな会社においては、個人財産が経営に不可分な財産となっているような場合もあり、多くの複雑な問題とその処理が必要になります。しかし、ここでは、最も承継の根幹

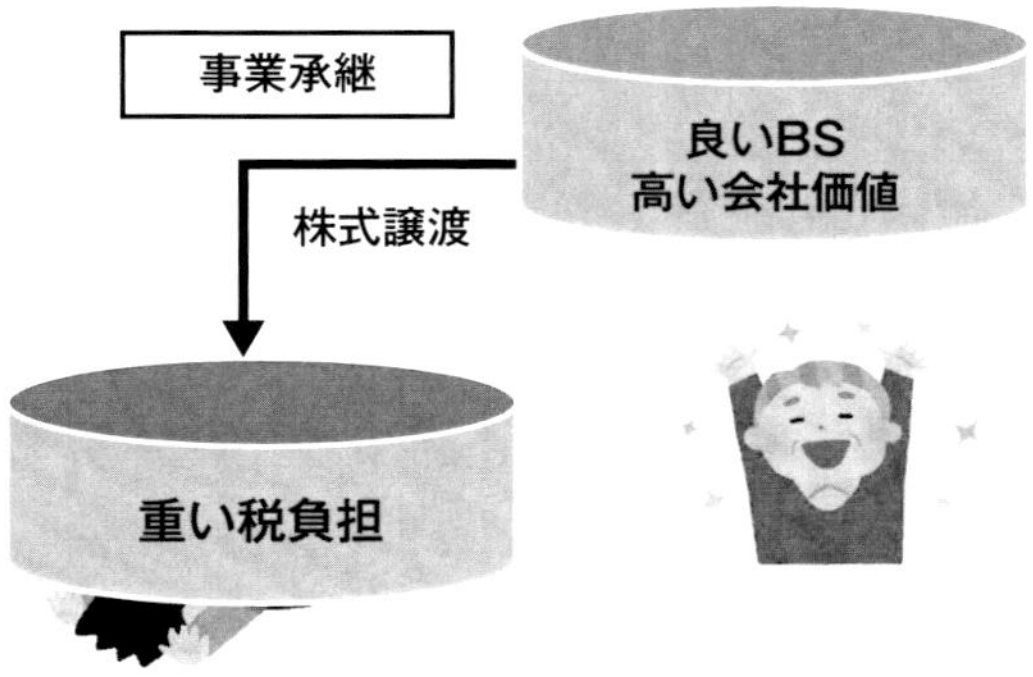

となる株式の移転の問題に焦点をあてて事業承継の問題を見ていきます。

中小企業の株式を相続、贈与、売買する場合において、問題となるのは、その株式の価格です。上場している大企業では、株式市場でその価値は明確になっています。ところが、中小企業の株式には取引の相場がないためその価値が明確になっていません。そのため、中小企業の株式は、取引相場のない株式の評価として、その価値を決める方法が国税庁で決められています。

取引相場のない株式の価値を判定するうえでは、会社が同族株主に支配されているか、ということが問題になります。同族株主とは、株主の1人およびその同族関係者（配偶者、6親等以内の血族、3親等以内の姻族など）の有する議決権の合計数が50％超である場合のその株主および同族関係者と定義されます。また、50％超の同族がいない場合で株主の1人および同族関係者の有する議決権の合計が30％以上である場合のその株主および同族関係者も同族株主となります。親族内承継というのは、一般的には同族株主間での株式の移転、承継を意味します。取引相場のない株式は、それを取得する人の位置づけにより価値が変わります。同じ権利のものが、買い手によってその価値が変わるという不思議です。

『同族株主のいる会社』において、同族株主が株式を相続、贈与、売買などで取得するときはその株式は、原則的評価方式という方法で評価されます。原則的評価方式では、会社の規模によって評価方法が変わります。細かくは多く出ている専門書を参照いただくとして、総資産と従業員数が10億円以上かつ50人以上、あるいは取引金額が20億以上（卸、小売、サービス除く）は大会社として定義され、類似業種比準方式で評価されます。また、総資産額と従業員単が5000万円未満または5人以下、かつ取引金額が8000万円未満は小会社として定義され純資産価額方式で評価されます。それ以外の会社は中会社となり、類似業種比準方式と純資産価格方式の併用となります。

同族株主とは

◆株主の１人およびその同族関係者の有する議決権の合計数が50％超である場合のその株主および同族関係者

◆ 50％超の同族株主がいない場合で、株主の１人および同族関係者の有する議決権の合計が議決権総数の30％以上である場合のその株主および同族関係者

（財基通 188）

＊）同族関係者：配偶者、６親等内の血族、３親等内の姻族など

一方で、同族株主がいる会社においても取得する人が非同族（同族株主と定義されない人）の場合には、特例的な評価方式いう方法で評価されます。特例的な評価方式というのは、配当還元方式と呼ばれ、その株式を保有することによって受け取る一年間の配当金額を一定の利率（10％）で還元して（割り戻して）元本である株式の価額を評価する方法です。

また、同族株主がいない会社においては、株式を取得した株主が、議決権15％未満のグループに属する株主の場合は特例的な評価方式である配当還元方式で評価されますが、15％以上のグループに属する株主の場合は原則的評価方式で評価されます。

『同族株主がいる会社』

株式を取得した株主	株式の評価	具体的な算出方法
同族株主	原則的評価方式	
	大会社[1]	類似業種比準方式[2]
	小会社[1]	純資産評価方式[3]
	中会社[1]	大会社と小会社の評価方法併用[4]
非同族株主	特例的な評価方式	配当還元方式[5]

1）総資産、従業員数、業種により分類（財基盤通 178、179）
2）類似している業種の株価、配当、利益、純資産の比較により算出
3）資産の時価、負債の時下から純資産の時価を算出したうえで、差額に対する法人税を考慮し算出
4）類似業種批准方式と純資産価額方式を重みづけして算出
5）株式価格の 10%が配当されているという前提で過去の配当から評価価格を決定（資本剰余金を考慮した数値が掛け合わされる）

『同族株主がいない会社』

株式を取得した株主	株式の評価	具体的な算出方法
議決権割合が 15%以上のグループに属する株主	原則的評価方式	
	大会社	類似業種批准方式
	小会社	純資産評価方式
	中会社	大会社と小会社の評価方法併用
議決権割合が 15%未満のグループに属する株主	特例的な評価方式	配当還元方式

取引相場のない株式の評価式

■　類似業種比準価額方式

$$A \times \left[\frac{\frac{b}{B} + \frac{c}{C} \times 3 + \frac{d}{D}}{5} \right] \times 0.7$$
（中会社は 0.6、小会社は 0.5）

A ＝類似業種の株価
b ＝評価会社の１株当たりの配当金額
c ＝評価会社の１株当たりの利益金額
d ＝評価会社の１株当たりの純資産価額
B ＝類似業種の１株当たりの配当金額
C ＝類似業種の１株当たりの年利益金額
D ＝類似業種の１株当たりの純資産価額

■　純資産価額方式

（資産の時価－負債の時価－評価差額に対する法人税＊）÷発行済み株式数
＊（純資産の時価－帳簿上の純資産）X42%

■　併用方式

中会社	中の大会社	類似業種比準価額 X0.9 ＋純資産価額 X0.1
	中の中会社	類似業種比準価額 X0.75 ＋純資産価額 X0.25
	中の小会社	類似業種比準価額 X0.6 ＋純資産価額 X0.4
小会社		類似業種比準価額 X0.5 ＋純資産価額 X0.5

注１）小会社は純資産価額方式以外に併用式も選択可。

注２）規模の判定は右表

総資産と従業員数	取引金額	判定	
10億円以上かつ50人超	20億円以上	大会社	
7億円以上かつ50人超	14億円以上20億円未満	中会社	中の大会社
4億円以上かつ30人超	7億円以上14億円未満		中の中会社
5000万円以上かつ5人超	8000万円以上7億円未満		中の小会社
5000万円未満又は5人以下	8000万円未満	小会社	

・卸売、小売、サービス業を除く。別途分類表あり。
・総資産と従業員数ではいずれか下位を選択。
・「総資産と従業員数」と「取引金額」で判定がことなるときは上位のランクで評価

■　配当還元方式

$$\frac{\text{その株式に係る年配当額}}{10\%} \times \frac{\text{その株式１株あたりの資本金等の額}}{50\text{円}}$$

＊その株式に係る年配当額：実際の発行済み株式ではなく、「資本金÷ 50 円」で求めた株数で２年間の平均配当額を割って１株当たりを求める。（但し、２円 50 銭未満は２円 50 銭とする）
＊資本金等の額とは、資本金に資本準備金を加えた額

出典：「中小企業の事業承継」牧口ほか、抜粋

良いバランスシートをもつ会社への影響

会社の財務状況が良くなればなるほど、会社の純資産は多くなりますから純資産価額方式で株式の価値が評価される場合には株式の評価額が高くなります。表中に示したように、『同族株主のいる会社』においては、小会社の同族株主が取得しようとする場合に会社が良くなればなるほど株式の評価額が上がります。中会社の場合も会社規模に応じて純資産価額方式が併用されますので株式の評価額はあがります。一方で、大会社の場合は類似業種比準方式で評価されますので、純資産の多寡の影響はありますが限定的となります。また、非同族の株主が株式を取得する場合は、過去2年間の配当のみが評価指標となる配当還元方式であるため会社の財務状況がよくなり純資産が潤沢であることとの直接的な影響はありません。

『同族株主のいない会社』においては、議決権割合が15%以上のグループが株式を取得する場合は同族株主が取得する場合と同様となりますが、15%以下のグループが取得する場合には配当還元方式で評価されるため、会社が財務的によくなり純資産が多くな

良いバランスシートを持つ会社への影響
（『同族株主がいる会社の場合』）

株式を取得した株主	株式の評価	具体的な算出方法		よいバランスシートをもつ会社への影響
同族株主	原則的評価方式			
	大会社	類似業種批准方式	→	影響少ない
	小会社	純資産評価方式	→	株式評価額が高くなる
	中会社	大会社と小会社の評価方法併用	→	株式評価額が高くなる
非同族株主	特例的な評価方式	配当還元方式	→	影響少ない

良いバランスシートを持つ会社への影響
（『同族株主がいない会社の場合』）

株式を取得した株主	株式の評価	具体的な算出方法		よいバランスシートをもつ会社への影響
議決権割合が15％以上のグループに属する株主	原則的評価方式			
	大会社	類似業種批准方式	→	影響少ない
	小会社	純資産評価方式	→	株式評価額が高くなる
	中会社	大会社と小会社の評価方法併用	→	株式評価額が高くなる
議決権割合が15％未満のグループに属する株主	特例的な評価方式	配当還元方式	→	影響少ない

ることの直接的影響はありません。

良いバランスシートを指向するオーナー社長の3つの選択肢

本来、社長は財務を良くし、自身も、社員も安心して働ける会社を志向すべきです。ところが同族に事業を承継してもらいたい、と思う場合は、会社が良ければ良いほど株式の価値があがり、移転にともなう税務負担が重たくなるという問題を抱えることになります。

節税のためのいろいろな解説や相続税納税猶予制度などの政策については、専門書に多く書かれています。ここでは詳細な解説ではなく、経営者としてのマクロな視点から、いかに、会社を良くすることと承継の問題を両立させるかということを考えてみたいと思います。

良いバランスシートを指向する同族株主の社長、すなわちオーナー社長が同族に経営を引き継がせようと考えている場合は、早い時点から株式の移転をスタートさせることです。これが第一の選択肢です。会社の財務状況が徐々に良くなり、純資産価額方式で算出される株式の価値があがっていく場合には、早ければ早いほど将来価値をもつ株式を後継者が取得できることになります。会社を素晴らしいものにして、息子に継承させたいと考える社長は、自らの経営の成果に平行する形で生前贈与（あるいは売買）という形で移転をすすめるべきだと思います。

第二の選択肢は、会社の規模を大きくすることです。先述のように大会社には株式の評価に類似業種比準方式が使われます。また、中会社には、純資産価額方式と類似業種比準方式が併用されますが、中会社はさらに規模で3分類され、規模が大きくなるほど類似業種比準方式による評価価額の重みが増すように決められています。類似業種比準方式では、財務状況の影響が限定的なため、良い財務状況をもっていても株式の評価価格は純資産評価価額方式による評価額より低くなります。したがって、今は決断できないけれども将来同族に株式を移転することを考えている場合でも、財務と規模の両方を希求することにより、継承をしやすくできます。

第三の選択肢は、非同族への株式移転と非同族による事業継承を図ることです。いわゆる親族外承継ということになります。社内には、子供などの親族以外に優秀な社員や役員が育っており、会社の発展のためにはそれらの人材が経営を継承していくことが良

良いバランスシートを指向するオーナー社長の３つの選択肢

選択肢①…同族に事業承継させたい場合

早い時点で継承の方向を決め、継承者への株式移転を始める。
(含み益としての効果)

選択肢②…同族に事業承継させたい場合

規模を拡大し、小会社から中会社（“中”のなかでも“中の小”、“中の中”、“中の大”へ)、大会社へ発展させることにより、類似業種比準方式の評価額に近づける。

選択肢③…非同族への事業承継をおこなう

非同族への株式移転は、配当還元方式で評価額が決まる。また、税務上は、この相続税評価額より低額で（あるいは高額で）譲渡しても問題とならない。

い場合があります。また、社外にも、経営を委ねるに足る人物がいる場合もあります。そういった場合に、株式を保有したまま経営をまかせるという方法もありますが、経営への意欲の観点からは所有と経営を一体化するほうが、効率が高まります。そうした選択をする場合は、後継者への株式の移転が必要になります。

非同族への株式移転の際の相続税評価額は、配当還元方式で評価されます。ただ、その売買価格については個人契約であり、双方が合意すれば配当還元方式による評価額より高くても低くても自由です。また、同族への株式の移転と異なり、低額譲渡が税務上問題となることは少ないとされています。

同族株主のいない会社における事業承継

同族株主のいない会社においては、先述のように議決権割合が15％（同族を含む）未満の株主が取得する株式の評価額は、特例的な評価方式である配当還元方式で算出されます。配当還元方式は、その株式を保有することによって受け取る一年間の配当金額を一定の利率（10％）で割り戻して元本としての株式の価額を決定する方法です。

よくよく考えてみると、この配当還元方式による評価額は大変安く（有利に）設定されています。日経平均の配当利回りは、２％を下回って（平成28年３月時点で１・７５％）います。10％で配当が行われているという仮定は、株式相場のある株の価格の５分の１程度で評価していることになります。

非同族間で、とくに15％以下の保有割合に止まる限り、この有利な配当還元方式による相続税評価額が株式の移転の際に適用されます。実際の売買は、個人間の契約でありこの価格より高くても低くても自由で、特殊な事情がない限り税務問題は発生しないとされています。また、株主間の売買価格が常に一定であれば、税務上はその売買価格が相場のある株式とみなされるという説もあります。

つまり、非同族の株主で構成される会社においては、ひとりの株主（その同族含む）が15％を超えない範囲で株式を保有し、いかに会社の財務状態がよくなっても後継者の取得が可能となるように配当還元方式による評価価額近傍で売買するようなルール、契約をつくりあげることが望ましいと言えます。

オーナー会社の合併で設立され、30年あまりを経て、一部の例外を除き経営層と社員が株式を保有しているというＳ社は特殊な例かもしれませんが、Ｓ社ではバランスシートを良くして会社価値を高めるということと、スムーズな経営の承継を両立させるためのルールをつくりあげてきましたので紹介します。

株式は、一部の例外を除いて役員と社員が保有しています。株式を取得する際に、役員を退任、ないし社員が会社を退職するときは、その取得価格で取締役会が指定するものへ売却をする旨の契約を会社との間でかわしています。したがって、保有によるキャピタルゲインはありません。株式を保有できるのは役員と管理職のみとしていて、役職別に一定の範囲を取締役会で規定しています。その際、保有できる株式の数は、相続税評価価額が特例的な評価方式である配当還元方式に止まるよう、15％を上回ることがないように規定しています。

実際の売買は、退任、退職によって生まれる株式の再分配を将来の人事構想を念頭に置きながら検討し、購入資金を有する者に配分していくこととしています。また、株式を保有している役員、社員が死亡した場合の相続については、株式の第三者への散逸を防ぐために定款で株式の買取請求権を規定しておくことも必要です。

また、経営権の確立ということ以外で、キャピタルゲインのない株式を保有することのインセンティブは、配当です。売買価格の10％以上の配当を維持すれば個人的な投資

S社の株式保有・移転のルール

- 役員、社員（管理職以上）である間のみ株式を保有
  （退任、退職時には取締役会の指定するものへの売却）
- 株式の保有によるキャピタルゲイン　0
  （取得価格と同じ価格で、取締役会の指定するものへの売却）
- 保有株式数は、役職別に規定
- 売買価格は固定
- 一人の保有株式数は、15%以下
- 定款で、相続などの一般承継の際には売り渡し請求を規定

⇩

生え抜き社長の誕生と生え抜き社長への継承が可能な資本構成

としても十分メリットがあります。

同族株主がいない会社における事業承継は、Ｓ社のように現経営陣と社員が株式の保有、移転をスムーズにできるルールをつくりあげることが望ましいと思います。配当還元方式で算出される株式価額の近傍で売買がおこなわれるのであれば、株式取得のための資金負担は比較的軽く、いかに財務内容が良い会社であろうが生え抜きの社員のなかから次の経営者を生み出すことが可能となります。売却の際も取得価格で売買するので課税されることもありません。買い取る側にとっても、多少異なっても売買がルーチンになっていることから低額譲渡の問題も発生せず、スムーズな株式の継承・移転が可能となります。その結果、バランスシートを良くするために費やした努力とその成果を、次の経営者にバトンタッチすることができる環境をつくりあげることができます。

株式の大半を役員と社員で保有するＳ社で運用されている形は、先述のように特殊かもしれませんが、同族株主がいない会社における事業承継の理想的な方法として、参考にしていただけるのではないかと考えています。

あとがき

中小企業は、本文中のA社に代表されるように、財務的に呻吟しながら日々のオペレーションをしています。それならば、どうして社長はそのような状況から脱しようとしないのか、会社によっては本当に苦境に立たされており、従業員への給与の支払いや銀行への利子の支払いに追われて会社を構造的に変えようというようなところまで気がまわらない、という社長も多いと思います。しかし、一方で会社を変えようという強い意思そのものをもたない、あるいはどのように変えていくべきかわからない、という社長が多いことも事実ではないでしょうか？

本書は、どの会社の社長も共通的にもつことのできる目標として、良いバランスシートづくりを提言したものです。バランスシートの中に、すべての企業活動とその成果が集約されています。目標設定に悩んでいる社長に、一度トライしてもらえれば幸いです。それぞれおかれている状況や経営環境は異なると思いますが、良いバランスシートをつくりあげるのだ、という目的をもったとたん、今すべきことがふつふつと湧いてくると思います。

冒頭、バランスシート経営を理念として掲げ、実際に取り組んだ記録としてまとめたと言いました。では、著者の実践したバランスシート経営の結果はどうだったのですか、という質問に答えなければなりません。S社は定款で電磁的方法による財務の公告を定めていますので、ホームページ上にバランスシートを公開してきています。その公開資料をベースにバランスシート経営の結果をレビューします。

平成19年3月のバランスシートを、**図「H19・3・31貸借対照表（調整後）」**に示します。S社は、退職金制度として401Kに移行した際の確定的な過去勤務債務が隠れ負債として存在していました。このバランスシートは公表されたものに、この過去勤務債務を織り込む形で調整し、現実の（実態的な）姿に調整したものです。平成19年のバランスシートは、まさに本書で定義してきた『普通のBS』です。3億円の短期借入金を抱えていますが、確実に回収できる売掛金や受取手形をもっていますので、これでも格付け会社や銀行の評価では、出来の良いほうということになっていたと思います。これが、バランスシート経営の出発点です。

最初に取り掛かったのは主に3点です。翌年決算で、特損を計上してこの過去勤務債務を固定負債とし、まずはバランスシート上に表記し、年々の損益を劣化させる要因を

H19. 3. 31　貸借対照表（調整後）

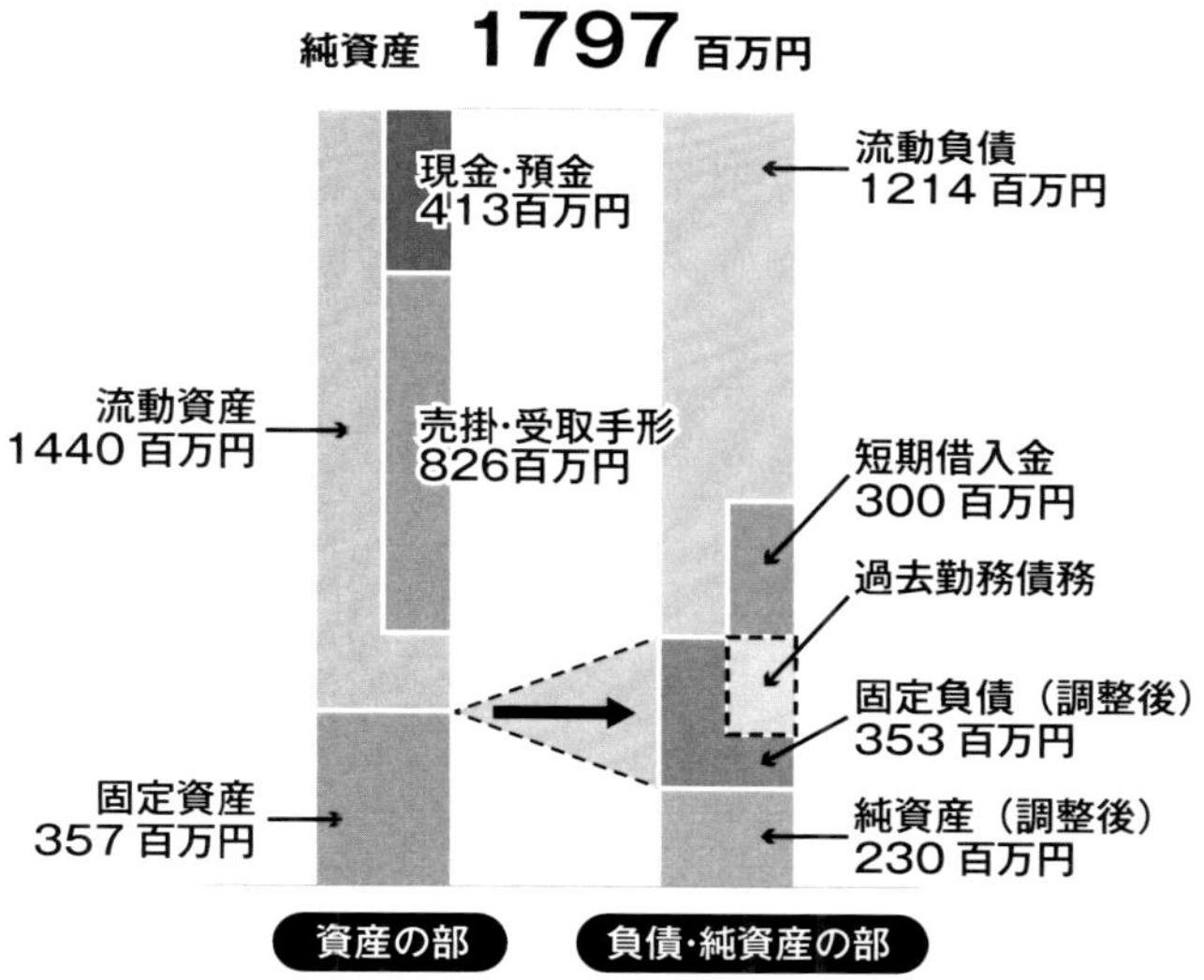

除去しました。次は、将来使う可能性のない固定資産（遊休土地）の売却です。売却が容易となるように建物の解体などコストをかけてでも売却しました。そして、借入金の見直しです。資金繰り表のなかで実際に必要とされる借入と銀行とのお付き合いで借り入れをしている部分を明確にし、保有する現金との対比で少しずつ返済を進めてきました。無借金経営については数年で達成することができました。

一番大切な年々の収益の向上という面でまず行ったことは、会社というものは儲けなければ継続も発展も出来ないのだ、という収益のマインドを社員に植え付けることでした。そのためには、部門ごとの収益の状況を時々刻々開示し、社員の収益意識を高めることと、思い切った決算賞与の支給を行いました。見込まれる利益の概ね3分の1を、決算賞与として支給しました。このことによって自らの業績と報酬が直接的に結びつく環境ができました。社員への決算賞与と並行して、役員への事前確定届出給与の制度を導入し、部門のトップである各役員へも業績に報いることとしました。

また、事業の環境が刻々変化するなかで、どの会社も直面するように、従来の仕事を続けるだけでは経営が成り立たないという状況に直面しました。S社は機械設計をコアとしている会社ですが、レーザー計測技術と機械設計を融合させる技術領域の開拓、三次元図面の拡大、新しい領域の産業機械の製造、機械設計技術者の製鉄所への派遣、など事業ポートフォリオを再構築することをすすめて収益力の向上と安定性を指向しました。

８年後のバランスシートを**図「H27・3・31貸借対照表」**に示しています。自己資本比率は76％、長短の借入金なし、手元資金は月商の６ヶ月分、流動比率は５００％を超えました。現金払いをすすめたため流動負債は少なく、また退職金の支払が進み、固定負債も少なくなりました。本書で述べてきた、良いバランスシートが出来上がりました。

では、これが社長としてすべきことのすべてか、と問われると、それは違うと言わざるを得ません。本当はここからがスタートなのだと思います。手元資金を活用し、さらに収益を生み出す領域への投資を考えることが、これからの社長の仕事になります。中小企業にとっての事業拡大のセオリーに則って着実に事業拡大をすすめるという難しい仕事が残っています。

幸い、私は、会社で育った人材のなかから優れた後継者と後継者を支える優れた人材に恵まれました。継承を困難にする個人保証などの問題を排除したうえで、一定の時間

H27. 3. 31　貸借対照表

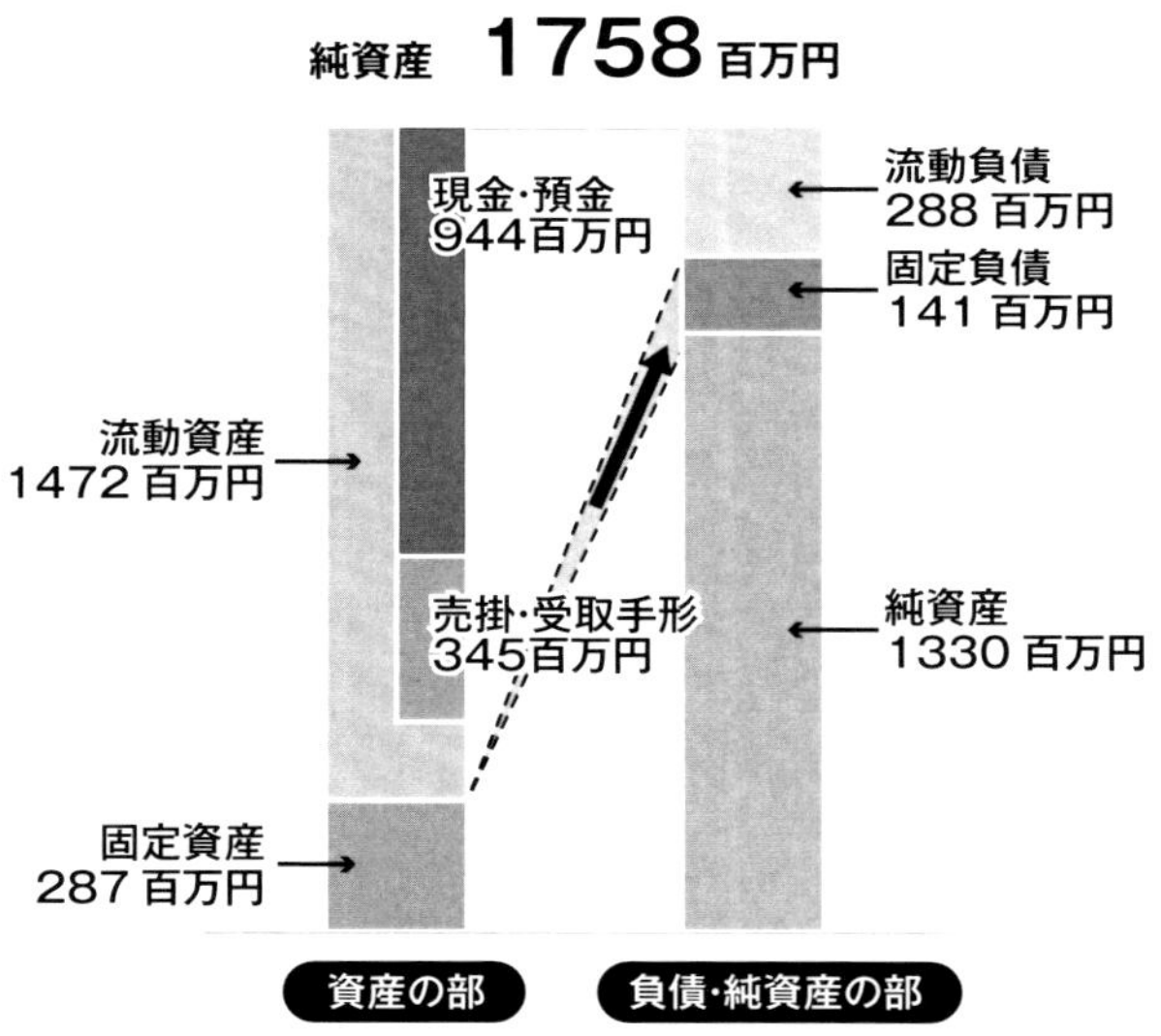

軸のなかで必要な後継者育成、株式の移転などを行いました。あとは、時代にそぐう能力の発揮を期待し、このバランスシートの発展形はいかなるものかを見守りたいと考えています。

本書に『中小企業経営の要諦「A」』という題名をつけました。なぜ『中小企業経営の要諦』ではなく「A」が付加されているのか。付加したのは二つの理由からです。社長として置かれた環境のなかで、自分自身としては、これこそが経営の要諦だ、という自信はあるのですが、中小企業全体をみると業種、規模、取引・資本関係、労使関係など様々な環境があると思います。異なる環境に置かれた社長にとっては、要諦「A」が金科玉条の不変なものではなく、「A」が最適であったり、「A」が最適である場合があってしかるべきではないか、というのが第一の理由です。

もうひとつは、「良いバランスシートをつくること」は、中小企業経営の要諦の第一ステージであるという考え方に根ざしています。良いバランスシートは、安定と発展の素地を作り上げるということであって、先述のようにこれはゴールではなく、更なる発展のためのスタート準備ができたということです。したがって、中小企業にとっての資金の運用と事業の拡大については、さらに掘り下げて考え、取り組んでいかねばならないと思います。そして、この次の段階において要諦「B」も「C」が明らかになっていくことと思います。中小企業経営の要諦「B」や「C」が、私ではない若い世代の誰かによって書き示されることを期待しています。

略歴

北村　隆（きたむら　たかし）
中小企業診断士

1950	京都生まれ
1975	京都大学大学院精密工学修了
1975	新日本製鐵㈱エンジニアリング事業本部入社
1979～81	スタンフォード大学大学院MS, Engineer
1996～99	東南アジア鉄鋼協会事務局長（クアラルンプール在住）
2005	産機エンジニアリング㈱入社
2007～15	産機エンジニアリング㈱代表取締役社長
2015～16	同　取締役会長
2016～	中小企業診断士として活動

中小企業経営の要諦「A」
社長に伝えたいバランスシート経営

2016年11月4日発行

著　者　北村　隆
発行所　ブックウェイ
〒670-0933　姫路市平野町62
TEL.079（222）5372　FAX.079（223）3523
http://bookway.jp
印刷所　小野高速印刷株式会社

ISBN978-4-86584-198-5